건축
멜랑콜리아

건축
멜랑콜리아

한국 근현대 건축·공간 탐사기

이세영

반비

건축과 공간은 사람의 의식, 무의식, 행동에 직간접적 영향을
주고 이를 규정한다. 따라서 권력과 자본, 종교는 그 속에
자신의 비의(秘義)를 새겨 넣는다. 동시에 저항자들은 기존의
건축과 공간 안으로 뛰어들어 새로운 의미를 만든다. 저자는
한국 현대사의 주요 건축과 공간의 정치·사회적 배경과 맥락을
정밀하게 분석하면서 그것을 만든 사람들의 욕망과 그 속에서
먹고 살고 싸웠던 사람들의 열망을 생생하게 드러낸다. 이 책을
읽는 독자들은 무심코 지나쳤던 주변이 모두 새롭게 보일 것이다.

─조국(서울대학교 법학전문대학원 교수)

건축은 공간예술인 동시에 생활공간이다. 공간예술로서 건축이
문학에 잇닿아 있다면, 생활공간으로서 건축은 역사와 사회를
품고 있다. 건축에 담긴 문학적 상상력, 역사의 증언, 사회적
소통을 읽어내는 것이 저자의 건축 독해 방식이다. 이 책을 통해
건축은 정지된 공간이 아닌, 문학과 역사, 사회를 품은 살아 있는
공간으로 우리에게 다가선다. ─김호기(연세대학교 사회학과 교수)

한국 건축에 대한 글과 자료를 찾다 보면 길목마다 한 기자가
서 있었다. 폭넓은 시야는 언론인으로서 당연한 것이겠지만,
도면을 그리는 건축가의 생각도 함께 읽는 듯한 느낌은 새로웠다.
관찰이 있어야 행위도 있다. 이 집요한 관찰자의 첫 책을
진심으로 축하한다. ─황두진(황두진건축사사무소 대표)

차례

1. 건축
읽기

2. 공간
　　읽기

1

건축
읽기

풍화의 운명 견뎌온 콘크리트 모성

"직선은 인간에게 속하고 곡선은 신에게 속한다." 이 단순 명료한
진술은 스페인 건축가 안토니 가우디(Antoni Gaudí)의 것이다. 신이
빚어낸 본래의 자연은 변화무쌍한 비유클리드의 세계다. 그러니 '두
점을 잇는 최단 거리의 선' 따위의 수학적 정의는 그 안에서 어떤
물성도 갖지 못한다. 관념 속에나 존재하던 기하학의 추상 세계가
견고한 실재성을 획득할 수 있었던 건 생존과 정복을 향한 인간의
집요한 분투 덕분이다. 깎고 세우고 파고 다지는 인고의 노동 끝에
인간이 이룩한 근대도시는 말 그대로 유클리드의 공리 위에 축조된
또 하나의 자연이었다. 중심과 주변을 최단 거리로 연결하는 방사형
도로, 중력을 거슬러 융기한 철골 마천루, 기계 문명의 집적물인
대공장과 끊임없이 누군가의 업적을 과시하고 찬양하는 거대
기념비들.

가우디의 형태주의 건축은 이 같은 유클리드 세계와의 단절 위에 일궈낸 빛나는 예언자의 성취물이었다. 그의 조형 언어는 직각의 좌표 체계에 포획되지 않는 비정형의 곡선을 핵심 원리로 삼았다. 엄격한 기하학적 형태미에 집착했던 19세기 신고전주의와의 절연이자, 막 움트기 시작한 기능주의 건축의 직선 숭배에 대한 결연한 거부였다. 가우디의 선은 자연의 것이었고, 그의 말대로 신의 것이기도 했다.

평면에 구현된 남근과 자궁의 메타포

20세기 중반, 전쟁의 참화가 휩쓸고 간 극동의 변방 국가에 전후 주류 건축에 반기를 든 당돌한 건축가가 돌출한다. 당대의 거장 르코르뷔지에(Le Corbusier) 문하에서 유럽 건축의 첨단 문법을 익히고 돌아온 김중업이었다. 1956년 서울 명보극장과 부산대 본관 설계로 궤도에 오른 귀환자의 이력은 서강대 본관(서울, 1958), 주한프랑스대사관(서울, 1962), 유엔묘지 채플(부산, 1963)을 거쳐 1965년 또 한 차례 가파른 도약을 성취한다. 서울 신당동에 있는 '서산부인과의원'이다.

을지로와 퇴계로가 만나는 삼각형의 대지 위에 4층 콘크리트조로 쌓아올린 이 건물은 완공 반세기가 지난 지금까지도 일반 상업 건축물과 구분되는 파격의 조형미로 오가는 자의 시선을 낚아챈다. 외부에서 봤을 때 받는 이 건물의 첫인상은 중세 유럽의

1 건축 읽기

풍부한 볼륨감과 부드러운 곡면, 단단하고 투박한 콘크리트 외벽이 어우러져 독특하고 입체적인 미감을 자아낸다. 지금은 한 디자인회사가 건물을 매입해 사옥으로 사용하고 있다.

수도원이나 군사 요새 같다는 것이다. 노출 콘크리트의 거친 질감과, 짧고 단단한 타원 기둥을 이어 붙여 빚어낸 육중한 볼륨감 때문이다.

그러나 이 같은 남성성은 그에 못잖은 여성적 조형 요소들에 의해 지체 없이 상쇄되는데, 부드러운 곡면으로 덧댄 두 방향의 발코니와 불규칙하게 배열한 왜소한 사각 창들은 이 구조물에 포스트모던한 갤러리의 느낌마저 불어넣는다.

이런 양성적 이미지는 그의 작품 도록에 남아 있는 평면도에서 여실히 드러난다. 도면에서 두드러지는 것은 강렬한 성적 메타포다. 건물 서북쪽에 곡면으로 돌출한 램프(경사로)실 때문인데 영락없이 굳게 발기한 남근의 생김새다. 그뿐인가. 램프실 아래 매달리듯 배치한 타원의 격벽은 아무리 봐도 잘 여문 고환의 형상을 염두에 두었음이 분명하다.(이 방은 간호사실로 계획됐다.) 그러나 이 공간을 램프실과 떼어놓고 바라보면 또 하나의 상이 겹쳐진다. 이제 막 태동을 시작했음 직한, 웅크린 태아의 모습이다. 이 방 맞은편에 위치한 의사 집무실은 격벽이 음표 꼬리처럼 휘어지며 두 공간 사이에 만들어진 보행 동선에 리듬감을 배가한다.

수술실과 인큐베이터실, 입원실 등이 자리한 2, 3층에는 크고 작은 타원을 복수의 격실로 분산 배치했다. 김중업론을 쓴 정인하는 이를 "증식하는 원"(『시적 울림의 세계』, 시공문화사, 2003)의 도식이라 명명한다. 별개의 용도를 지닌 원형 공간들이 나란히 자리 잡고 통합된 유기체를 구성하는 방식이다. 눈여겨볼 점은 크기와 형태는 조금씩 다르지만 각각의 방들이 하나같이 자궁의 이미지를

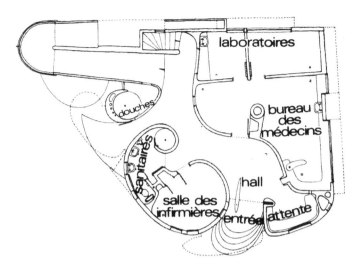

서산부인과의원 1층 평면도. 타원형 공간들의 리듬감 있는 배치와 함께 강렬한 성적 메타포가 두드러진다.

형상화한다는 점이다. 계산된 도상학적 장치들로 의미의 연쇄 고리를 구축해 건축물의 형태와 쓰임새를 조화시키려는 치밀한 조형 의지가 읽히는 대목이다.

'생명현상의 국유화'와 산부인과

이 건물에서 김중업이 가장 아쉬워한 것은 램프실의 지붕 부분이었다. 입면부가 여성의 산도를 연상시키는 램프실은 애초 1층 전면부에서 지붕까지를 투명 유리로 덮도록 설계돼 있었다. 거친 노출 콘크리트 벽면과의 대비 효과를 극대화하는 한편, 천창을 통해 풍부한 자연광을 끌어들이려는 의도였다. 하지만 시공 과정에서 이 구상은 벽에 부딪혔다. 곡률이 서로 다른 창틀을 제작해 천창을 올릴 만큼 당시 국내의 시공 기술이 무르익지 못한 탓이었다. 유리 천창은 결국 막바지 단계에 이르러 콘크리트 지붕으로 대체되고 만다.

이렇게 탄생한 서산부인과의원은 제주대 본관(1964)과 함께 김중업의 형태주의 건축을 대표하는 작품이자 20세기 한국 건축의 걸작으로 남게 됐다. 그러나 이 전위적인 건축물의 남다른 무게는 그 안에 물질화된 건축가의 조형 의지가 협량한 기능인의 순응주의를 넘어선다는 데 있다. 서산부인과의원은 이상 사회를 향한 예술가적 충동과 사회적 존재로서 건축가의 책무를 방기하지 않으려는 모더니스트의 조형 의지가 비루하고 폭력적인 당대 현실과 대치하며 빚어낸 격투의 흔적이다.

김중업이 서산부인과의원 설계에 착수한 1960년대 초는 '정치 산술' 성격의 인구 담론이 빠르게 확산되고, 국내에서 처음 산아제한에 중점을 둔 '가족계획'이 국가 시책으로 도입된 시기였다. 가족계획은 성교와 임신, 출산 같은 개인의 생식 활동에 국가권력을 삼투시키는 통치 테크놀로지라는 점에서, 그것의 국가 시책화는 미셸 푸코(Michel Foucault)가 근대 생명관리권력의 특징으로 꼽은 '생명 현상의 국유화'가 본격적으로 실현되는 것을 의미했다. 목적은 명확했다. 한 사회가 보유한 '생식력의 총체'인 인구 규모를

1 건축 읽기

1층에서 바라본 램프실. 램프실은 외벽 전면을 유리로 마감해 풍부한 자연광을 내부로 끌어들이면서 노출 콘크리트 벽면과의 대비 효과를 극대화했다.

인위적으로 조절하고 통제함으로써 경제적 생산의 능력치를 최대화할 것.

알려진 대로 군사반란을 통해 들어선 박정희 정권은 취약한 정통성을 보완하기 위해 경제성장을 지상 과제로 삼고 강력한 발전주의 정책을 밀어붙였다. 이 과정에서 전후 베이비붐과 사망률 하락에 따른 급격한 인구 증가는 경제발전과 사회 안정을 해치는 '사회적 역병'으로 간주되기 시작했다. 여기엔 미국의 대외 정책도 중대한 영향을 미쳤는데, 당시 미국 정부는 아시아 후진국들의 인구 증가를 방치한다면 경제 지원을 계속하더라도 실효를 거두기 힘들 뿐 아니라, 인구과잉에 따른 일자리 부족과 생활고가 광범위한 민심

"가족전원의 행복을 위하여". 국가 주도의 가족계획 사업이 추진되면서 당시 신문 지면상에 피임약 광고가 자주 등장했다. 동아일보(1962년 1월 27일자).

이반을 불러 공산주의 세력의 확대로 이어질 수 있다는 위기의식에 사로잡혀 있었다.

군부 정권과 미국의 합치된 이해관계는 한국에서 가족계획 사업이 신속하게 확산될 수 있는 강한 동력을 제공했다. 로드맵과 정책 수립, 실행기구 조직에 미국인구협회, 패스파인더재단, 국제가족계획연맹 같은 미국 내 유관 단체들의 긴밀한 자문과 재정 지원이 있었음은 물론이다. 이로써 한국은 인도와 파키스탄에 이어 세계 세 번째로 가족계획 사업을 정부 정책으로 채택한 나라가 됐다.

당시 한국 정부가 세운 목표는 1962년 2.9퍼센트에 이르는 인구 증가율을 1966년까지 2.5퍼센트, 1971년까지 2퍼센트로 떨어뜨리는 것이었다. 이를 위해 민·관·학·의료계를 아우른 범국가적 가족계획 캠페인이 펼쳐졌다. 초창기엔 정부의 보건 행정조직이 사업을 주도하는 양상이었다. 기획, 예산 지원과

1 건축 읽기

조정·관리 기능은 보건사회부가, 조사·연구·평가 기능은
한국보건사회연구원이, 계몽·홍보·교육 기능은 대한가족계획협회,
시술 사후관리 및 시술요원 훈련 기능은 대한불임시술협회가
맡았다. 정치권도 뒤질세라 1964년 낙태를 합법화하는
'국민우생법안'을 발의하기에 이른다.

존재의 시원에 대한 그리움을 녹여내다

하지만 국가적 동원 시스템에서 가장 핵심적인 역할은 떠맡은 것은
전문 의료 인력, 그중에서도 산부인과 의사들이었다. 국가 개입의
효율성을 높이기 위해선 생식 활동이란 내밀한 행위가 권력의 시선
아래 포착되도록 가시화하는 것이 필수적인데, 이를 위해선 전문가
집단에 의한 지식의 생산과 축적, 확산이 장기간에 걸쳐 안정적으로
이루어져야 했기 때문이다. 이를 가능케 한 것은 산부인과 의사들이
일상적으로 벌이는 상담, 진료, 시술, 사후관리 활동이었다. 가족계획
10개년 계획 기간(1962~1971)에 산부인과 전문의의 증가폭(2.3배)이
내과(1.67배)와 외과(1.89배)를 크게 앞지른 것도 이런 사정과
무관하지 않았다. '산부인과'라는 공간은 국가가 임산부(나아가 가임
여성)의 개별화된 신체와 인구라는 집합적 신체 내부로 침투해
들어가는 힘의 교차점에 자리하고 있었다.

　　　이 시기에 등장한 서산부인과의원은 김중업이 동시대에
설계한 다른 병원들과도 조형의 모티브와 구현 형태가 뚜렷이

구분된다. 일례로 서산부인과의원에 조금 앞서 지어진 서울 교북동의 행촌의원은 전후 기능주의 양식 건축의 전범을 충실히 따르고 있는데, 직선으로 처리된 상자형 몸체, 정돈된 입면부, 긴 수평띠 형태의 전면 창은 그의 스승인 르코르뷔지에의 빌라 가르슈(Villa Garches)나 빌라 사보아(Villa Savoye)의 특징을 고스란히 옮겨놓은 듯하다. 하지만 일정한 미학적 성취에도 불구하고 병원이란 건물이 가져봄직한 인간미나 체온 따위는 이 건물에서 거의 느껴지지 않는다. 건축물의 형태를 치료와 수용이라는 기능에 온전히 종속시키는 도구적 합리성의 실현에 주된 관심을 쏟았던 탓이다.

하지만 그로부터 1년 뒤 건축된 서산부인과의원에선 일찍이 병원 건축에서 누구도 시도하지 않았던 파격이 실험된다. 이 건조물의 조형 전략을 지배한 것은 용도보다는 형태, 보이는 입면보다는 감춰진 평면, 서사의 직접성보다는 상징의 비옥함이었다.

이 완강한 형태주의자는 그럼에도 건축물의 주된 이용자가 될 임산부와 영아의 처지에 눈감지 않았다. 김중업에게 산부인과라는 공간은 생식력의 통제와 조절에 동원되는 차가운 기계장치가 아니라, 존재의 시원에 대한 그리움을 녹여낸 원형질적 공간, 약동하는 생명을 품어 안을 따뜻한 모성의 공간이어야 했다. 이 같은 조형 의지를 자궁과 태아를 형상화한 타원 격실, 완만하게 물결치는 병실 복도, 부드러운 곡면으로 내부를 감싼 콘크리트 외벽의 견고함 속에 건축가는 풀어냈다.

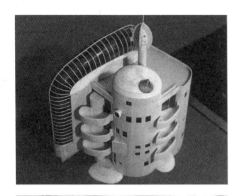

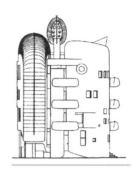

왼쪽 위 서산부인과의원 설계 모형.

오른쪽 위 서산부인과의원 입면도. 입면도에 나타난 램프실은 여성의 산도를 연상시킨다.

아래 설계 모형에서 알 수 있듯 램프실은 애초 천장 부분까지 유리로 마감할 계획이었다. 그러나 곡률이 서로 다른 창틀을 제작해 천장을 올릴 만큼 시공 기술이 무르익지 못한 탓에 유리 천창은 결국 막바지 단계에 콘크리트 지붕으로 대체됐다.

건축가는 갔어도 건축물은 남았다

김중업이 이 건물에 쏟은 애정은 남달랐다. 그의 작품집에는 "둥근 면에 뚫린 구멍들이, 살짝 붙어 돌아가는 발코니들이, 삶에의 희열을 또는 태어나는 새 삶에의 찬가를 부른다. 지붕 부분의 판타지가 개악된 것은 못내 유감이나 애착이 가는 작품이다."(『건축가의 빛과 그림자』, 열화당, 1984)라는 간결한 후기가 남겨져 있다.

　　멸절의 압력과 풍화의 시간을 견뎌낸 서산부인과의원은 지금 초로의 가을을 맞았다. 그사이 소유권은 한 디자인회사로 넘어가 건물 전체가 사옥으로 사용되고 있다. 생전의 김중업은 "참다운 건축가는 시대를 이끌어왔고, 또한 그러한 이들의 작품만이 시간의 흐름 속에 확실한 모습으로 남는다."(위의 책)고 했다. 그 공언대로, 건축가는 갔어도 건축물은 남았다.

땅 밑으로 유배 가는
늙은 프로메테우스

절취와 증여의 대가는 참혹했다. 프로메테우스는 코카서스 산
돌벼랑에 쇠사슬로 결박된 채 독수리에게 간을 파먹히는 형벌을
받는다. 인간이 불을 갖게 해선 안 된다는 제우스의 금기를 위반한
대가였다. 불을 소유하는 순간 인간은 신의 지배 권역을 벗어나 통제
불능의 자유 지대로 탈주하게 될 것임을 제우스는 간파하고 있었다.
그 예상대로 불은 인류의 생존 양식을 근본적으로 뒤바꿔놓았다.
거주 영역을 확장하고, 혹독한 빙하기를 견뎠다. 이 왜소하고 겁 많은
군거 동물은 마침내 행성의 지배자가 됐다. 불이 있어 가능했다.
천문학적 확률의 우연이 겹쳐 가능했을 불의 발견은 인류사의
기원을 설명하는 신화의 한 자리를 차지했다. 불은 문명이었다.

20세기 프로메테우스교

불을 수중에 넣고 40만 년이 지난 뒤 인류는 새로운 에너지, 전기를
발견했다. 시작은 전기 불꽃을 최초로 관찰한 라이프니츠였다.
뒤이어 빛과 전기가 동일한 것이란 사실이 프랭클린의 실험으로
증명됐고, 19세기가 되자 전기와 연루된 창안과 발명이 잇따랐다.
패러데이가 발전기(1831)를, 데이비드슨은 전기 엔진(1842)을
만들었다. 플랑테는 축전지(1859)를 창안했고, 지멘스는
발전기(1866)를 실용 단계까지 끌어올렸다. 그 정점은 1882년
에디슨이 고안한 중앙 발전소와 전력공급 시스템이었다.

전기는 유용성에서 모든 에너지원을 압도했다. 기계 작업에
필요한 모터를 구동하고, 방열기를 달구고, 전등불을 밝혀 "달빛을
살해"했다. 그뿐인가. 엑스선이나 자외선, 셀레늄 광전지 같은 다양한
형식으로도 쉽게 변환 가능한 게 전기였다. 말 그대로 그것은
생산력의 중핵이자 전능의 에너지요, 현대성(Modernity)의 총아였다.
오죽하면 사회주의 러시아의 지도자 레닌조차 "공산주의는
사회주의 더하기 전기"라는 유시까지 남겼겠는가. 전기와 더불어
꽃핀 현대성은 20세기의 문턱을 넘어서며 한층 가파른 질주를
감행하는데, 그즈음 현대 기계문명의 광휘에 매료된 일군의
예술가들이 출현한다. 이탈리아 미래파다.

'20세기 프로메테우스교'로 불릴 법한 이 사제 집단의
창도자는 시인 필리포 마리네티(Filippo Tommaso Marinetti)였다.
그가 쓴 「미래주의 선언(*Manifeste du futurisme*)」은 1909년 2월 프랑스

일간지 《르피가로》 1면에 실리며 폭발적 반향을 불러일으켰다. 선동조의 격문으로 쓰인 열한 개 항의 선언문은 "격렬한 전기 불빛들로 이글거리는 병기고와 조선소의 전율하는 밤의 열정을, 그들의 연기가 만들어내는 곡선들 곁의 탐욕스런 구름을 […] 열광하는 군중처럼 환호하는 비행기의 날렵한 비행을 우리는 노래할 것"이라는 비장한 단언으로 최후의 구두점을 찍었다. 마리네티는 이 운동의 명칭을 두고 역동주의(Dynamism), 전기(Electricity), 미래주의(Futurism) 사이에서 주저했다. 전기는 이들에게 역동성과 미래의 원천이자 현대성의 위대함을 증언하는 종교적 상징이었다.

미래주의는 발원지인 이탈리아반도를 평정한 뒤 런던과 모스크바, 도쿄를 거쳐 식민 도시 경성에 당도한다. 처음 소개한 이는 시인 박영희였다. 1924년 《개벽》 제49호의 「중요술어사전」이란 글에서 그는 미래주의의 기본 개념을 "강렬한 반항적 태도"와 "기성 예술에 대한 부정", "운동"과 "속도"에 대한 찬미 등으로 정리했다. 발원 시점에서 15년이 경과한 뒤에야 대중에게 소개된 것은 식민지 조선에서 현대성의 개화 시기가 그만큼 지체됐던 상황과도 무관치 않았다.(1887년 경복궁 건청궁에 첫 번째 전등이 밝혀진 지 24년이 지난 1911년까지도 전등이 설치된 가구 수는 전국을 통틀어 4456호에 불과했다.) 미래주의의 교의가 한층 정교하게 제시된 것은 1929년 양주동에 의해서다. 그해 여름, 국내 제1호 화력발전소가 서울 마포에서 착공된다. 당인리발전소(현 서울화력발전소)다.

발전소, 기계의 몸을 입은 프로메테우스

착공 17개월 만인 1930년 11월 발전용량 1만 킬로와트의 1호기가
완공됐다. 5년 뒤인 1935년 10월에는 2호기가 가동을 시작해
발전량은 1만 2500킬로와트로 늘어난다. 설비용량이 크지 않았던
것은 애초부터 도심 구간 전차에 동력을 공급할 목적으로 건설됐기
때문이다. 발전소와 마포의 전차 종점(지금의 불교방송국 자리) 사이
직선거리는 2킬로미터가 조금 넘었다. 문화사적으로 이 시기는
식민지 모더니즘의 융성기와도 겹쳤다. 스케이팅의 질주감을 노래한
「속도의 시」, 기차와 자동차가 빚어내는 쾌주의 미를 형상화한
「여행」과 「상공운동회」(이상 김기림)가 이때를 전후해 선보였다.
"13인의아해가도로로질주하오"로 시작하는 이상의 「오감도」는
1934년 《조선중앙일보》에 발표되기 무섭게 문학적 소요를
불러일으킨 '미래주의의 언어 폭탄'이었다.

　　　전력 생산량은 적었지만 발전소는 그 기념비적 위엄만으로도
식민 도시의 랜드마크가 되기에 부족함이 없었다. 『서울화력 80년사
지나온 시간 열어갈 시간』(한국중부발전, 2010)에 실린 1950년대
사진에서, 이 건조물은 한강변 저지대에 도사린 육중한 발전설비와
송전 철탑, 수직으로 융기한 원통 굴뚝이 어우러져 범접하기
어려운 남성미를 과시하고 있다. 동시대인들에게 발전소는 "단지
새로운 기술의 원동력이 아니라 [현대 기계문명의] 가장 주목할 만한
최종 생산물의 하나"(루이스 멈퍼드, 『기술과 문명』, 책세상, 2013)였다.
이 같은 발전소의 이념형을 완벽한 도상학적 구도 안에 구현한

안토니오 산텔리아, 「전력발전소」, 1914.

것이 미래주의 건축가 안토니오 산텔리아(Antonio Sant'Elia)의
「전력발전소(*La centrale elettrica*)」(1914)다.

산텔리아의 드로잉은 요새처럼 견고한 콘크리트 몸체
위로 세 개의 굴뚝 기둥이 솟아 있고, 철탑에 걸린 송전선들이
외부로 뻗어나가는 역동적 이미지를 형상화했다. 그에게
발전소는 미래주의 이념을 체현한 현대의 영웅이자, 기계의 몸을

1950년대 당인리 일대의 모습이 담긴 항공사진. 화력발전소 주변은 대부분 논밭이었다.

입은 성육신 프로메테우스였다. 그것은 마리네티의 표현대로 "연기를 뿜는 고사포"를 달고 "신성한 전구의 시대"를 도래시켜 "부패한 달빛"으로부터 낡은 문명을 구원할 해방자의 이미지 그대로였다.(리처드 험프리스, 『미래주의』, 열화당, 2003)

　　하지만 당인리발전소가 들어선 뒤에도 서울(경성)에서 소비하는 전력의 절대량은 북한 지역의 수력발전에 의존했다. 발전에 필요한 유연탄의 국내 생산이 이뤄지지 않아 발전 단가가 다른

　　　　　　　　　　　　　　　　　1　건축 읽기

왼쪽 화력 5호기 건설 당시의 모습. 건설 인부들이 보일러 드럼을 쇠줄에 매달아 끌어올리고 있다.

오른쪽 1969년 서울화력발전소로 바뀐 당인리발전소 전경.

연료보다 상대적으로 높았던 탓이다.

해방과 분단을 겪으며 북한에서부터의 송전이 중단되자 상황이 달라졌다. 설비 증설은 불가피했다. 전쟁까지 겪으며 점령과 파괴, 복구와 가동을 반복한 발전 시설은 1954년 미국 벡텔사로부터 화력 3호기를 도입함으로써 용량을 2만 5000킬로와트까지 끌어올린다.

1962년 군사정권이 들어서고 경제개발 5개년 계획이 마련되자 에너지 확충은 농업생산력 증대와 함께 성장 전략의 양대 축으로 자리 잡았다. 국제개발처(AID) 차관 2002만 달러에 내자 41억 원을 더해 1966년 4호기(13만 7500킬로와트), 1967년 5호기(25만 킬로와트)를 잇따라 착공한다. 발전소 자료관에 남아 있는 5호기

당인리발전소

건설 당시의 흑백사진을 보면, 도르래 쇠줄에 걸린 보일러 드럼을 상부에 설치하기 위해 철골 구조물에 매달려 작업 중인 노동자들이 보인다. 기계 미학의 독특한 형식미를 빌려 노동하는 인간의 위대함을 예찬했던 페르낭 레제(Fernand Léger)의 「건설자들(*Les constructeurs*)」(1950)의 이미지를 빼닮았다.

지대에 눈먼 '욕망의 연대'에 포획되다

4, 5호기가 완공되자 당인리발전소는 1970년 폐쇄된 1, 2호기를 제하고도 설비용량이 41만 2500킬로와트에 달해 국내 최대의 발전기지로 떠올랐다. 당시 당인리발전소가 공급하는 전력은 서울 지역 전체 수요의 75퍼센트를 차지했다.

전성기는 오래가지 못했다. 1980년대 원자력발전이 본격화하자 발전소의 위상은 비상시 첨두부하를 감당하는 예비 전력 기지로 하향 조정된다. 1982년엔 노후화된 3호기가 폐쇄됐고, 1993년 시설 전환 공사를 거쳐 연료를 저유황유에서 액화천연가스(LNG)로 교체해 공급하고 있다. 현재 이 발전소의 공급 전력은 서울 소비량의 3퍼센트 남짓에 불과하다.

정부 시책에 따른 지위 격하에도 이 시설물이 보유했던 과거의 영광은 건물 곳곳에 찬연한 자취를 남겨두고 있다. 오랜 기간 분진 섞인 일산화탄소를 방출했을 콘크리트 굴뚝은 굳게 발기한 남근의 욕망을 거리낌 없이 드러낸다. 여기에 철층계가 외벽을

위 발전소의 핵심 시설인
터빈과 발전기.

아래 여러 철골 구조물이
얽히고설켜 있다.

감아 오르는 나선의 상승감이 더해져 이 구조물은 한동안 성서
고고학자들에 의해 '바벨탑'의 원형으로 간주됐던 메소포타미아의
지구라트를 자연스레 상기시킨다. 그뿐인가. 굴뚝이 뿜어내는 백색
증기, 티탄족의 골격과 근육을 연상시키는 철골과 배관 구조에선
천상의 존재를 향해 기계문명의 위력을 시위하는 듯한 거만함마저
엿보인다.

가동 중인 4, 5호기 서쪽 부지에선 2013년 10월부터
지중화 공사가 한창이다. 새 발전설비를 지하에 묻고, 기존 시설은
화력발전소에서 갤러리로 변신한 영국 테이트모던의 선례를 따라
문화창작 공간으로 활용한다는 정부 쪽 복안에 따른 것이다.
리모델링안이 발표되자 주변 부동산 가격이 치솟았다. 주민들은
압력단체를 결성해 발전 시설 전체를 서울 밖으로 내보내라는
청원을 냈고, 인접한 아파트 주민들은 발전소 담장을 허물어
아파트 단지와 직접 연결해달라는 민원을 관공서에 제출하기도
했다. 공공시설물을 사실상의 안마당으로 사유화하려는 '욕망의
연대'였다.

모든 문명은 야만의 기록

그러나 이들이 치솟을 재산 가치를 가늠하며 속된 기대에 부풀어
있는 동안, 반도의 변방에선 고향과 삶터를 지키기 위한 '절망의
연대'가 약자들이 내지르는 단말마의 비명 속에 휘청이고 있었다.

1 건축 읽기

발전소의 상징인 콘크리트 굴뚝. 철층계가 외벽을
감아 오르는 나선의 상승감이 더해져 하늘을 향해 융기한
바벨의 욕망이 가감 없이 드러난다.

세계 최초로 도심 지하에 대규모 발전설비를 건설하는
공사가 진행 중이다.

이것은 문명을 향한 프로메테우스적 기획이 내장하고 있던 운명적 비극성의 현실태이기도 했다. 서울을 위시한 대도시 주민들이 영위하는 현대 소비생활의 자유와 편리함 이면엔, 방사능 공포와 싸우고, 화석연료가 방출하는 분진, 소음, 매연의 고통을 서푼어치 보상금과 교환하며 생존해야 했던 발전소 입주 지역민, 대도시가 빨아들이는 전력의 이송로를 위해 재산권과 건강권마저 포기해야 했던 힘없는 소수자들의 희생이 존재했던 것이다. 그 태생부터 현대성은 대지를 수탈하고 공동체의 또 다른 내부를 식민화하는 데서 동력원을 찾는 야만성의 짝패였다.

역설적이게도 이러한 현대성의 이면을 일찌감치 꿰뚫어본 이는 누구보다 열정적으로 '첨단의 미'를 노래했던 한 모더니스트 시인이었다. "헬리콥터여 너는 설운 동물이다".(「헬리콥터」) 그는 풍선보다 가볍게 이륙하는 헬리콥터의 '자유'에서 '비애'를 읽어낼 만큼 예리한 촉수의 소유자였는데, 그가 감지한 비애는 현대성의 이상과 한국적 현실의 아득한 거리가 빚어내는 '절망'의 표현이자, 그 자유의 문명을 제 것으로 전유하기 위해 변방의 타자들이 지불해야 했던 "거미처럼 몸이 까맣게 타버"린 "설움"(「거미」)의 다른 이름이기도 했다. 그는 당인리 5호기가 준공되기 1년 전인 1968년 불의의 윤화로 세상을 떴다. 발전소가 지척인 마포 구수동에서 살다 죽은 시인의 이름은 김수영이다.

반공의 이념 앞에 헌정된 정치적 신전

　　　　　머물음과 떠남의 욕망이, 한순간

　　　　　망설임의 몸짓으로 겹쳐지는 곳에서

　　　　　휘파람 소리처럼 둥지는 태어난다

　　　　　—유하, 「휘파람새 둥지를 바라보며」

태고의 집은 움집이었다. 한강변 선사 유적이 증언하듯, 그것은
구조물이라기보다 초목으로 변통한 새 둥지에 가까웠다. 집의 시원이
수렴하는 궁극의 형식이란 점에서 둥지가 품은 것은 뭇 새들의
몸뚱이가 아닌 '집의 이데아'였다. 오늘날 그 이데아에 충실한 주거
형태를 꼽으라면 유목민의 게르일 것이다. 게르 안에선 머묾과
떠남의 욕망이 여전히 경합한다. 견고함과 내구성을 지닌 건축물은
정주의 욕망이 이주의 충동을 제압하고 나서야 비로소 출현했다.

정주 문명의 등장은 건축물에 '상징'이란 새 임무를 부여했는데, 이로써 건축은 주거와 수용이란 본연의 기능에 더해 시간의 침식을 견디며 문명의 찬란함과 권력의 압도성을 표상하는 매체가 되어야 했다. 그것의 최종 형식은 머묾의 욕망이 도달한 극단, 바로 '기념비'였다.

기념비, 머묾의 욕망이 도달한 극단

'기계 제작자'를 자처한 현대건축(르코르뷔지에는 "집은 살기 위한 기계"라고 했다.)에서도 기념비를 향한 욕망은 거세되지 않았다. 파괴와 소멸, 가차 없는 단절이 지배하는 현대성의 덧없는 공허함에 비례해 초월과 영원성에 대한 갈망 역시 부단히 팽창했던 탓이다. 시인 보들레르는 이 같은 현대성의 이중 구조를 일찌감치 간파한 인물이었다. "모더니티의 한쪽은 찰나적·일시적·우연적인 것이며, 다른 한쪽은 영원불멸한 것이다." 현대예술은 일시적이고 우연적인 것들 속에 존재하는 영원불멸의 성분들을 포착해 가시화하는 일에 기꺼이 복무했다.

건축가는 이 과업을 수행하기에 가장 적합한 집단이었다. "건축은 공간의 용어로 표현된 시대 의지"라는 미스 반데어로에(Mies van der Rohe)의 정의처럼, 건축이란 행위는 시간의 일시성을 붙들어 공간 속에 고정하는 일에 다름 아니었던 까닭이다. 문제는 시간을 공간화하려는 건축의 욕망이, 힘의 영속을 희구하는 권력의 속성과

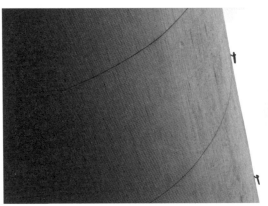

위 자유센터에서 가장 돋보이는 부분은 지붕이다. 납작한 평면 지붕을 사분원에 가깝게 말아 올려 부력과 중량감을 동시에 확보하고자 한 조형 감각이 돋보인다.

아래 사분원으로 말아 올린 캔틸레버(한쪽 끝으로만 떠받치어 공중으로 돌출한 들보)의 표면에 거푸집용 목재의 흔적이 고스란히 남아 있다. 김수근은 콘크리트 타설을 위해 시멘트는 물론 거푸집용 목재도 일본에서 수입해 썼다.

불가원의 친화성을 갖는다는 점이었다. 건축가의 조형 의지와 권력의 욕망이 만나는 지점에서 '현대의 기념비'는 탄생했다.

1964년 서울 남산 자락에 들어선 자유센터는 1960년대가 낳은 대표적인 기념비 건축물이다. 이 건물의 독특함은 기념의 대상이 과거의 영광스런 기억도, 역사적 실존 영웅도 아니라는 점이다. 자유센터는 반공이라는 동시대 이데올로기에 헌정된 '정치적 신전'이었다. 제2차 세계대전 이후 등장한 많은 신생국들이 국립묘지나 박물관, 대규모 공공청사 건립을 통해 국가권력의 위엄과 힘을 과시하고, 국민적 정체성을 확보하려 했던 것과는 뚜렷이 구분되는 시도다.

자유센터 건립이 결정된 것은 박정희가 5·16 군사정변으로 집권한 지 1년이 지난 1962년 5월이다. 아시아민족반공연맹(APACL) 임시총회를 개최한 군사정부는 아시아반공센터를 서울에 유치해 반공 지도자 양성, 이론 체계 수립, 게릴라 요원 훈련 등을 수행하자고 제안해 참가국의 동의를 얻어낸다. 이로부터 4개월 뒤 국민모금 1억 5000만 원에 국가보조금 1억 원을 더해 공사에 들어가는데, 국가보조금은 당시 국가재건최고회의 의장이던 박정희가 기업인들에게서 반강제로 거둔 돈이라는 게 정설이다. 1인당 국민소득이 87달러에 불과하던 시절, 군사정부가 이처럼 대규모 역사를 벌인 데는 그럴 만한 이유가 있었다.

1 건축 읽기

박정희와 반공주의 동원체제

박정희는 해방 이후 남로당에서 활동한 전력 때문에 집권 초기부터 집요한 이념 공세에 시달렸다. 5·16 직후 미국이 쿠데타 승인을 주저한 것도 박정희의 이념에 대한 불신 때문이었다는 사실은 잘 알려져 있다. 안팎의 의구심을 해소하기 위해 박정희가 취할 수 있는 선택지는 자신의 확고한 반공 의지를 확인시키는 길밖에 없었다. 혁명공약 1조로 '반공'을 내건 것이나 5·16 직후 파견된 북한의 대남 밀사 황태성을 간첩으로 몰아 처형한 것도 이런 속사정과 무관하지 않았다.

그러나 해방 뒤 처음으로 이루어진 국가 건축 프로젝트의 추진 배경을 통치자의 콤플렉스 탓으로만 돌리는 것은 역사의 사사화(私事化)라는 덫에 빠질 위험이 농후하다. 군사반란이란 비정상 경로를 통해 권력을 취득한 건 사실이지만, 박정희 체제 역시 미국이 주도하는 자본주의 세계체제의 자장 안에 존재한 근대 자본주의국가였다. 보다 정교한 해명을 위해선 박정희 통치 초기 이뤄진 반공 이념의 전면화를 근대국가에 주어진 보편 과제, 다시 말해 '지배의 정당성'을 확보하기 위한 국가 전략의 틀 안에서 바라볼 필요가 있다. "강제의 철갑을 두른 헤게모니"라는 안토니오 그람시(Antonio Gramsci)의 정의대로 근대국가는 완전한 강압도, 완전한 동의도 아닌 '강압과 동의의 복합체'로 항존하기 때문이다.(적나라한 강압 통치의 사례로 거론되는 전두환 정권 역시 지역주의라는 동의 기반을 갖고 있었다.)

남산 자유센터

위 자유센터에서 개최된 세계반공세미나.

아래 외관의 화려함에 견줘 내부 기능이 단조롭다. 널찍한 로비는 4, 5층을
수직으로 관통해 천장까지 이어진다. 안과 밖의 이런 불균형은 애초부터 이
건물이 기능과 용도보다는 보여주기 위한 목적으로 지어졌음을 짐작케 한다.

18년을 버틴 박정희 체제였지만, 지배의 내구성이 처음부터 양호했던 것은 아니다. 쿠데타 정권이란 태생적 한계는 그의 집권 기간 내내 통치의 정당성을 위협하는 원죄로 작용했다. 통치의 안정을 위해선 지배에 대한 동의를 확보하는 것이 시급했다. 다행히 그 시절 박정희에겐 동의의 토대 구축에 필요한 정치적 자원이 이미 존재하고 있었다. 1940~1950년대를 통해 형성된 한국 사회의 원초적 반공 의식이었다.

　　해방 공간과 정부 수립 초기, 제주 4·3 사건과 여순 사건 같은 '준내전'을 경험하며 반공은 이미 '국민의 자격 조건'을 심사하는 핵심 기준으로 자리 잡았다. 인민의 생사여탈권을 틀어쥔 권력 앞에서 '국민'이라는 공동체의 성원으로 승인받기 위해선 자신이 '비국민(빨갱이=공산주의자)'이 아님을 먼저 입증해야 했다. 이렇게 국민의 의식 회로에 똬리를 튼 반공은 통치의 위기가 반복될 때마다 어김없이 사회의 전면으로 소환돼 위력을 발휘했다. 이런 상황은 한국전쟁에서 빚어진 학살과 보복의 악순환을 거치며 한층 강화됐다. 반공주의에 대한 일체의 저항이 무력화되면서 반공은 확고한 국민적 의사(擬似) 합의로 자리매김한 것이다.

　　박정희가 한 일은 1950년대의 원초적 반공주의를 '이념화된 반공주의'로 전환하는 것이었다. 이는 박정희 체제를 떠받친 군부라는 안보기구의 이해와 직결된 사안이기도 했다. 나아가 국가에 의한 반공주의의 이념화는 "반공주의의 세대 간 전승과 재생산"(조희연, 『동원된 근대화』, 후마니타스, 2010)을 위해서도

　　　　　　　　　　　　　　　남산 자유센터

자유센터 광장에서 열린 제1회 반공 희생자 합동 위령제.

필수적이었다. 1960년대 들어 반공궐기대회 같은 대중 동원, 교련과
국민윤리를 통한 훈육, 반상회나 관변 단체 등을 활용한 사회제도적
동원이 활발하게 시도된 것도 이 때문이었다. 박정희 정권이 처음
추진한 국가 건축 프로젝트가 자유센터였다는 사실은 이런 점에서
그 의미가 작지 않다.

화려한 외관, 단조로운 기능
설계자로 낙점된 이는 갓 서른을 넘긴 일본 유학파 김수근이었다.

현재 자유센터의 소유주는 1989년 한국반공연맹에서 이름을 바꾼
한국자유총연맹이다.

그는 앞서 워커힐 프로젝트에 참여하면서 군사정권의 2인자
김종필과 긴밀한 교분을 맺고 있었다. 1962년 프로젝트의 전권을
위임받은 김수근은 르코르뷔지에가 인도 찬디가르에 지어 올린
주의회 의사당을 참조했다. 입면의 비례와 지붕의 곡면 처리 같은
르코르뷔지에의 조형 언어가 고스란히 이식됐다. 건물에서 가장
두드러진 부분은 하늘을 향해 말려 올라간 콘크리트 지붕과 그것을
지탱하는 수직의 열주들이다. 납작한 평면 지붕을 사분원에 가깝게
말아 올림으로써 부력과 중량감을 동시에 확보하고자 한 건축가의
조형 감각이 돋보인다.

앞서 김수근이 워커힐 힐탑바에서 시도한 바 있는 노출 콘크리트 마감법(표면에 별도의 외장재나 도색 재료를 쓰지 않고 콘크리트의 거친 질감이 그대로 드러나도록 하는 공법)은 이 건물에서 한결 완성된 형태로 실현되었다. 콘크리트 타설을 위해 김수근은 시멘트는 물론 거푸집용 목재도 일본에서 수입해 썼는데, 당시 국내의 재료·기술 수준으로는 불가피한 선택이기도 했다.(김수근은 유럽에서 유행하던 노출 콘크리트 마감법을 일본 유학 시절 은사인 단게 겐조(丹下健三)를 통해 받아들인 것으로 알려져 있다.)

건물 전후방에 배치된 넓은 광장은 대중 집회를 위한 쓰임새보다는, 좌우 폭이 넓은 건물 전체를 일정한 거리를 두고 한눈에 관조하기 위해 마련된 장치다. 광장에서 바라본 자유센터는 곡면 지붕의 압도적 위엄과 일정 간격으로 배치된 수직 열주들이 콘크리트의 거친 질감과 결합해 고대의 거석 구조물에서와 같은 초월적 숭고미를 발산한다.

이 건물의 특징 가운데 하나는 외관의 화려함에 견줘 내부 기능이 단조롭다는 점이다. 전면부의 광장에서 시작한 중앙 계단은 곧바로 3층의 중앙홀로 연결된다. 널찍한 로비는 4, 5층을 수직으로 관통해 천장까지 이어지는데, 이런 구조 탓에 내부에 수용된 사무 공간은 대지 면적에 비해 협소하다는 느낌을 준다.

안과 밖의 이 같은 불균형은 이 건물이 애초부터 기능과 용도보다는 오로지 보여주기 위한 목적으로 지어졌음을 짐작하게 한다. 자유센터는 "형식 자체가 내용이자 목적인 건물"(강혁, 「김수근

자유센터에 대한 비평적 독해」,《한국건축역사학회》제21권 1호(2012년 2월))이었던 것이다.

건물에 대한 건축가의 자부심은 대단했다. 자유센터는 「한국의 명건물」이란《경향신문》(1985년 1월 15일자) 기획 연재의 하나로 다뤄졌는데, 첨부된 상자 기사에 담긴 건축가의 변은 이렇다. "한국의 기념적 공공건축으로서 처음이자 대규모의 것이었으나 [……] 르코르뷔지에의 조형의 매력과 나의 전통이란 것과 현대건축이란 차원에서 표현주의적인 전율을 심하게 나타낸 것이라 하겠다. 실용성과 예술성, 기념성이 자유, 반공이란 시대적 성격과 그 요구에 어떻게 대응하느냐가 그 과제였다. [……] 건축을 예술이란 차원으로 도전하는, 힘주어 만들어낸 시대의 소산이라 자부하고

자유센터 옆엔 늘 태극기와 이승만 대통령의 동상이 서 있다.

싶다."

완공 2년 뒤인 1966년 이곳에선 제12회
아시아민족반공총회가 열렸다. 1967년에는 세계반공연맹(WACL)
사무국이 설치됐고, 얼마 뒤엔 세계반공연맹총회도 치러졌다.
정권이 바뀐 1980년대에는 주로 공무원, 학생, 일반인을 대상으로
한 반공교육과 해외 출국자 안보교육 공간으로 활용됐다. 현재
이 건물의 소유주는 1989년 한국반공연맹에서 이름을 바꾼
한국자유총연맹이다.

이데올로기의 폐허로 남은 이념의 신전

냉전이 해체되고 남북 간 이념 대결이 쇠퇴하자 건물의 용도에도
변화가 불가피해졌다. 관 주도 이념 행사가 급감하며 발생한 잉여
공간은 웨딩홀과 식당, 양주클럽, 택배회사 등에 임대됐다. 전면부의
광장 역시 택배 차량의 적치장과 주차 공간, 드라이브인 극장으로
용도가 바뀐 지 오래다. 이 건물이 보유했던 이념성의 표지는
현재로선 후면 출입구에 걸린 '한국자유총연맹'이란 건물주의 명패
정도다.

'자유'와 '반공'이란 기표의 의미론적 연결 고리가 취약해지고
건축물의 쓰임새마저 바뀌어 버린 지금, 이 건물에서 '반공'이란
기표를 읽어내기란 쉽지 않은 일이다. 한 건축물의 의미를 결정하는
것은 그곳을 점유하고 이용하는 자들의 '공간적 실천'이라는 진리가

1 건축 읽기

'이념의 기념비'를 욕망했던 콘크리트 관제 건축물에도 고스란히 관철되고 있는 셈이다.

　　정치적 기획으로 탄생한 이념의 신전은 이제 몰락해간 권력의 욕망을 폭로하는 '이데올로기의 폐허'로 남아 시절의 덧없음을 쓸쓸히 증언한다. 그러나 건축물 본연의 물성이 지속되는 한 형태의 숭고미가 빚어내는 기념비성은 어떤 식으로든 살아남을 것이다. 미망처럼 빈 둥지 위를 감도는 집착의 그림자처럼.

　　　　새는 날아가고
　　　　집착은 휘파람의 여운처럼
　　　　둥지를 지그시 누른다
　　　　—유하, 앞의 시

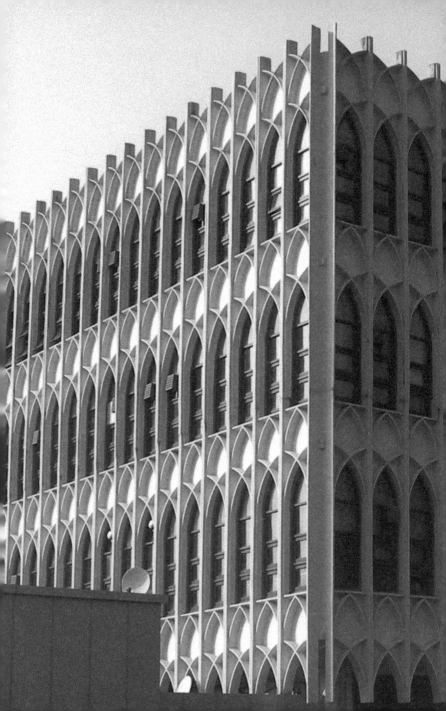

신이여, 혁명이여, 이 도저한 멜랑콜리여

장소나 건축물이 정조(Pathos)를 갖는다면, 이 단아한 콘크리트
입방체에 어울리는 것은 단연코 '멜랑콜리(Melancholy)'일 것이다.
'우울'이란 병리학의 언어로 번역되곤 하는 멜랑콜리는, 각별한
애정을 투사했던 대상이 사라졌을 때 속절없이 밀려드는 몰락과
상실의 감정이다. 그 감정을 유발하는 대상은 대체로 특정한
사람이나 사물이기 마련이지만 때로는 신이나 자유, 평등, 해방 같은
초월적 기표가 그 자리를 대신하기도 한다.

고딕식 아치에 구현된 종교적 신실성

연세대학교 학생회관은 1968년에 지어졌다. 대학은 애초 이
건물을 개교 80주년이 되는 1965년에 맞춰 완공하려 했다.

5000만 원으로 산정된 공사비는 재단 전입금에서 우선 조달하되 부족분은 미국 개신교계 원조금(14만 달러)과 단과대별로 할당한 동문 기부금으로 충당할 계획이었다. 설계는 미국 연수를 다녀온 뒤 장충체육관(1960)과 옛 성모병원(1963) 설계로 실력을 검증받은 이 대학 건축학과의 김정수가, 시공은 정주영의 현대건설이 맡았다. 하지만 기금 마련이 생각만큼 탄력을 받지 못한 데다 건물 외형을 두고도 이견이 돌출해 착공이 지연됐다.

외형을 둘러싼 갈등은 건축주인 대학 당국과 건축가 사이에서 빚어졌다. 대학은 1920년대 지어진 본부 주변의 석조 건물군과 조화를 이루는 고전적 형태를 원한 반면, 건축가는 미국에서 익혀온 신공법과 조형 철학을 새 건물에 쏟아부으려는 의지를 좀체 거둬들이지 않았던 탓이다. 대립은 절묘한 절충으로 마무리됐다. 기능성이 강점인 장방형 입방체의 외벽 전체를 사방연속무늬 형태의 조립식 첨두아치(머리끝이 뾰족한 고딕 양식의 아치)로 감싸 강한 조형성을 불어넣는 것이었다. 연쇄 배열된 좁은 폭의 아치들이 건물 규모를 실제보다 커 보이게 만드는 시각 효과도 있었다.

그러나 건축가와 건축주가 원했던 것은 단순한 미적 조형성이 아닌 '종교적 신실성'이었다. 이런 정황은 건물 입주를 앞두고 초대 학생회관장에 임명된 반피득이 학보《연세춘추》에 기고한 글에 소상히 드러난다.

그는 하늘로 치솟은 고딕식 아치창이 그 수직의 조형성으로

1 건축 읽기

『화보 연세백년 1885~1985』에 실린 학생회관 봉헌식 모습.

신과 인간의 관계를 표상하고, 아치의 갈빗살이 교차하며 횡으로
결속된 창들의 연쇄는 인간과 인간, 인간과 세계의 관계를
나타낸다고 풀이해놓았다. 말하자면 이 건물은 건축의 어휘로
번안된 종교적 상징, 십자가였다.

  현실은 건축주와 건축가의 의도가 순조롭게 관철되는
것을 거부했다. 공교롭게도 건물이 완성된 시기는 서구의 신좌파
학생운동이 절정에 달한 1968년이었다. 당시 《연세춘추》에는 유럽과
미국의 학생운동 동향을 다룬 특집 기사가 꾸준히 실렸는데, 4·19
혁명과 6·3 사태의 여운이 채 가시지 않았던 당시 대학 사회의
분위기에선 지구 반대편에서 벌어진 동년배들의 봉기가 적잖은
자극으로 작용했던 게 분명해 보인다. 학생회관은 오래잖아 박정희

연세대 학생회관

첨두아치의 조밀한 연쇄가 인상적인
연세대 학생회관 전면.

정권에 맞서는 저항 거점이 됐다. 삼선개헌(1969), 교련 부활(1971), 유신 선포(1972)로 이어지는 정치적 격동기, 이 건물에선 학생 자치와 헌정 질서 회복을 요구하는 크고 작은 반란이 줄을 이었다.

1974년 전국민주청년학생총연맹 사건을 계기로 긴 침체기에 접어든 학생운동은 1978~1979년 반(反)유신 투쟁과 1980년 '서울의 봄'을 맞아 잠시 숨통을 틔우는 듯하더니 5·17 비상계엄 확대조치로 된서리를 맞고 다시 한 번 물밑으로 잠복한다. 그러나 이 시기에도 학생회관 3층의 서클룸들은 이런저런 '언더 패밀리'의 은거지였다. 그들은 광주에서 들려온 학살의 풍문에 경악했고, '살아남은 자'의 수치심을 함께 나누며 끈끈한 연대의식을 다져나갔다. "나는 지금 이렇게 살아 있다 부끄럽다"(김남주, 「혁명은 패배로 끝나고」)는 시인의 옥중 절규야말로 죽음 앞에 몸 사린 '비겁한 먹물'들의 참회 섞인 고해문이었다.

전투적 급진주의자들의 인큐베이터

이 건물이 활력을 회복한 건 1983년 학원 자율화 조치가 단행되면서부터다. 교정에 상주하던 경찰력이 철수하고 자치기구인 총학생회가 부활했다. '동아리방'으로 이름 바뀐 서클룸에선 '매스(Mass, 학생대중)'를 상대로 한 반(半)공개 의식화 교육이 성행했다. 앞선 세대의 실패가 과학적 세계관과 정교한 전략, 전술의 부재 탓이라 확신했기에, 이 아비 없는 후레자식 세대는 권력이

위 1987년 이한열 추모 집회에 모인 학생과 시민 들이 규탄 구호를 외치고 있다. 뒤편으로 학생회관과 걸개그림이 보인다.

아래 1991년 명지대생 강경대의 사망 직후 학생회관 외벽에 걸린 걸개그림과 현수막.

설정한 금서들의 목록을 들춰 폭력과 참상으로 얼룩진 현행 질서를 뒤엎을 치명적 무기를 버리고자 했다. 그들이 훔쳐본 금서들의 색인록에는 마르크스, 레닌, 트로츠키, 김일성 같은, 오랜 세월 봉인돼온 불온한 고유명사들이 곳곳에 박혀 있었다. "나뭇잎조차 무기로 사용되"(기형도, 「대학시절」)던 강퍅한 시절이었으니 그들의 가슴팍에 찍힐지 모를 배교의 낙인 따위는 괘념할 일이 아니었다.

그 시절 이 건물은 세계에서 가장 전투적인 급진주의자들의 인큐베이터였다. 첨두아치에 구현됐던 신의 존엄성은 '혁명'이란 이상의 지고함으로 간단없이 대체됐다. 수평 결속된 연속 아치에 담아내려 한 인간의 상호의존성은 추상적 인간이 아닌 노동자, 농민이라는 현실 속 인간(민중)과의 연대로 구체화됐다. 당연한 귀결이었다. 한 건축물의 의미를 결정하는 것은 건립 주체의 의지나 의도가 아닌, 그곳을 점유하고 이용하는 자들의 '공간적 실천'이란 사실을 건축가와 건축주는 간과했던 것이다. 비트겐슈타인식으로 말하면 '공간의 의미'는 그것의 '용법'과 다름없었다.

1980년대 이 건물을 지배하던 주된 정조는 '진정성'이었다. 건축가와 건축주가 구현하려던 '신실성'은 1974년 건물 후방에 신축된 학교 예배당에 격리, 연금됐다. 라이오넬 트릴링(Lionel Trilling)의 정의에 따르면, 신실성은 "자신에게 거짓되지 않은 동시에 타인도 진실하기를 원하는" 종교적 품행과 관련된다. 반면 진정성은 "참된 자아실현의 열정을 가로막는 사회적 힘과의 대결을 마다하지 않는" 윤리적이고 정치적인 태도다.(김홍중, 『마음의 사회학』, 문학동네,

2009에서 재인용) 생존자의 죄의식과 피억압자와의 동일시를 통해
마련된 1980년대식 진정성은 불의하고 부도덕한 현실 권력과의 집단
투쟁을 통해 적극적으로 표출돼야 했다.

> 나는 다만 이 시대에 감전된 것이다.
> 새까맣게 타버린 오장육부,
> 이건 한 시대에 헌납한 아주 작은 징세에 불과하다.
> ─황지우, 「나는 너다 33」

　해마다 봄이면 '광주'를 호명하는 검은 만장이 건물 전면에
내걸렸고, 1층 로비와 4층 소극장에선 회합과 농성, 단식이 줄을
이었다. 학생들에게 이 공간은 국가권력과 대학 관료들의 손길이
상대적으로 덜 미치는 일종의 '안가' 같은 곳이었다. 수배자 검거나
시위 용품 압수를 명분 삼은 공권력의 '침탈'이 주기적으로 반복되긴
했지만, 웬만한 동아리방의 캐비닛 뒤편엔 공사장 지지대로 쓰이던
자위용 쇠파이프 서너 개쯤은 늘 은닉돼 있었고, 박스에 담긴 연푸른
유리병들은 언제라도 투명한 인화물질을 담고 허공을 비상할 준비가
되어 있었다.

이한열, 강경대…… 만개한 진정성의 시대

하지만 연세대는 당시까지도 학생운동의 중심은 아니었다. 이론과

전략의 생산능력은 '관악'에 뒤졌고, 조직력과 활동의 전투성에선
'안암'에 못 미쳤다. 이런 이유로 학생회관이란 공간의 의미 역시
신촌이란 공간의 국지성을 뛰어넘어 폭넓게 공유되진 못했는데,
이곳이 한국 학생운동의 상징 공간으로 떠오른 건 1987년 6월
항쟁과 이한열의 죽음을 겪으면서부터다. 이 건물 3층 모서리 방에서
짧은 젊음을 불태우던 이한열은 1987년 6월 9일 교문 앞 시위
도중 경찰이 쏜 폭동 진압용 총유탄에 머리를 직격당해 쓰러졌다.
세브란스병원 중환자실에서 삶과 죽음의 경계를 넘나들던 6월 한
달, 그가 20대의 대부분을 보낸 학생회관은 내·외신의 핵심 취재
포스트였고, 그가 떠난 뒤 1층 로비에 차려진 빈소에는 학생과
시민들의 끝 모를 조문 행렬이 이어졌다.

이한열의 '의로운 죽음'은 동료들에게 '시대의 부름에
진실하게 응답한 결과'로 받아들여졌는데, 이러한 분위기는
1980~1990년대를 거치며 수많은 '열사의 신화'가 탄생한
배경이기도 했다. 그러나 체제의 견고한 방벽 앞에서 실존의 결단
위에 도모된 '진정성'의 추구는 사실상 실패가 예고된 프로젝트였다.
진정성의 실현을 위해선 그것이 비루한 현세의 논리에 오염되기 전
"가장 순수하고, 강렬하고, 진지하고, 아름다운 극점에서 운동을
멈추는 운명적 정지"(위의 책)가 요구됐는데, 이 점에서 '요절'이란
삶-죽음의 형식은 실로 진정한 '아우라의 실현'이자 '진정성의
완성'이었다.

'죽음'의 사건화는 1991년 봄, 다시 한 번 비극의 절정에

1 건축 읽기

도달했다. 비극의 주 무대는 이번에도 역시 연세대 학생회관이었다. 시위 도중 경찰에게 맞아 숨진 명지대생 강경대의 주검이 세브란스 영안실로 들어오며 시작된 그해 5월은 한국 학생운동사의 정점이자, 1980년대를 관통한 전투적 급진주의의 클라이맥스였다. 건물 3층에는 전국대학생대표자협의회, 전국노동조합협의회, 전국민족민주운동연합 등 전국 단위 운동조직들의 결합체인 범국민대책회의가 꾸려졌다. 그들이 조직한 시위는 전국적으로 20만~50만 명의 참가자를 동원했으나, 결과는 참담한 패배였다. 무엇이 문제였을까.

그해 5월을 지배한 죽음의 형식은 자살, 그것도 자기 몸을 불사르는 분신자살이었다. 그러나 50여 일에 걸친 열한 명의

1993년 5월 시위 정국을 앞두고 경찰이 연세대 학생회관에서 압수한 시위 용품들을 한곳에 모아놓았다.

연세대 학생회관

해마다 6월이면 학생회관
외벽엔 이한열을 추모하는
걸개그림이 내걸린다. 1987년
이한열의 의로운 죽음은
시대의 부름에 진실하게
응답한 결과로 받아들여졌다.

연쇄 분신은 그 싸움을 '무겁고 지루한 것'으로 바라보는 시선을
함께 낳았다. 자살이라는 극단의 저항을 유발한 것이 국가폭력의
야만성인지, 맞서 싸우던 세력의 '생명 불감'인지도 모호해졌다.
당시 연세대 총학생회 간부였던 소설가 김별아는 기록한다.
"사람들은 서서히 진저리를 쳤다. 싸움의 목표나 대안에 대한
고민보다는 언제쯤 이 불가해한 죽음의 투쟁이 끝날 것인가를
궁금해했다."(『개인적 체험』, 실천문학사, 1999)

　　성당으로 도피한 지도부의 고립으로 거칠었던 싸움판의
호흡이 잦아들고, 6월 광역의원 선거 참패로 '열사들'이 확인
사살당하고, 7월의 폭염과 함께 소비에트 제국의 부고장이

날아들었을 때, 광주의 순교자들이 열어젖힌 한국의 1980년대는
비로소 하나의 순환을 마무리했다. 운동 진영을 휩쓴 것은 "운명과
싸우는 짓은 순간의 환희와 평생의 상처라는"(김중식, 「중력은 나는 새도
떨어뜨리고」) 돌연한 깨달음이었다. '학생 권력'은 빠르게 쇠락했고,
진정성의 시대도 마침내 막을 내렸다.

멸실된 가치들의 빈자리에 똬리 튼 소비주의
그로부터 20년. 한때 건물 외벽을 사시사철 가로지르던 격문과
만장들은 대학 응원단의 경박한 구호들에 자리를 내줬다. 대형
현수막이나 걸개그림을 제작하던 2층 옥상정원엔 '글로벌 라운지'란
이름의 무국적 소비 공간이 들어섰고, 복도 바닥에 어지럽게
남아 있던 페인트 자국도, 3층 통로를 메웠던 시너 냄새도 말끔히
세척됐다. 기념품숍이 입주하고, 승강기가 설치되고, 아귀 안
맞던 미닫이 철제 창호는 정교한 알루미늄 여닫이 창틀로 '전면
업그레이드'됐다.

　　　건물을 감싼 아치들의 우아함에는 변함이 없다. 그럼에도
그것은 의미의 소실점 너머로 사라진 텅 빈 기호들의 무한수열에
불과한 까닭에 영겁회귀하는 후기자본주의의 상투적 일상처럼
허무와 권태감만 양산한다.

　　　신이 추방되고 사상이 멸실된 빈자리에 똬리 튼 소비주의란
이름의 물신(物神) 앞에서, 지나간 옛 시절의 열정을 추억하는

연세대 학생회관

건물을 감싼 아치들의 미감은 변함없지만, 한때 대형 현수막이나 걸개그림을
제작하던 2층 옥상정원엔 '글로벌 라운지'란 이름의 소비 공간이 들어섰다.

자는 우울하다. 이 덧없는 삶의 권태를 살해할 광기의 순간은
영원히 유예되고 마는가. 권태의 시대를 앞서 살았던 한 영웅적
멜랑콜리스트의 고백이 더없이 가슴을 후벼 파는 계절이다.

> 내 청춘은 캄캄한 폭풍우에 지나지 않았구나,
>
> 여기저기 찬연한 햇빛이야 몇 줄기 뚫고 들어왔지.
>
> 천둥과 비바람 그리도 모질게 휘몰아쳐
>
> 내 뜰에 빨간 열매 남은 것 별로 없다.
>
> —샤를 보들레르, 원수(*L'ennemi*)

잠시 서 있는 모든 것을 추모함

청계천에 기둥 세 개만 남아 있으리라

남대문은 벽돌 조각으로 덮여 있으리라

남산 송신탑은 길게 가로누워 있으리라

―황지우, 「오늘도 무사히」

시인의 예언대로였다. 교각 세 개만 남긴 채 청계고가는 사라졌다.
철거가 완료된 게 2003년이니 시가 발표되고 꼭 20년이 지난 뒤였다.
교각 존치를 결정한 이가 황지우의 시에서 영감을 구했는지는 알
길이 없다. 관리 기관 홈페이지는 개발 시대를 기념하는 역사적
상징물로 남겨둔 것이라 설명할 뿐이다.

효수된 영웅을 상기시키는 청계천 교각들

교각이 있는 곳은 청계8가 무학교와 고산자교 사이다. 세 개의
기둥은 인위적 훼손의 흔적을 간직하고 있다. 하류 쪽으로
내려갈수록 파괴 규모가 크다. 깨진 단면으로 부식된 철근이
삐져나오고 육중한 몸체는 녹과 때로 얼룩졌다. '시간의 파괴성'이나
'세월의 덧없음'을 이야기하려는 의도였다면 그 형식이 진부하다.
포즈의 기괴함과 쓸쓸함에서, 교각들은 어딘가 대로변에 효수된
패배한 영웅들을 닮아 있다.

　　　존치 의도가 무엇이든 이 오브제가 수행하는 기능만은
명확해 보인다. 한때 누군가의 업적을 상기시키던 이 기념물은
새로운 승자의 위엄을 과시하는 초라한 인용물로 전락했다. 4000년
전 파라오의 승리를 기념하던 오벨리스크가 제국주의 프랑스의
위대함을 드러내기 위해 이역만리 프랑스 파리의 콩코르드 광장
한복판에 서 있는 것과 같은 이치다.(발터 베냐민(Walter Benjamin)은
가까운 과거에 만들어진 승리의 기념물이 패배의 기념물로 활용되기 시작한
것은 자본주의 시대에 이르러 나타난 현상이라고 했다.)

　　　고가도로의 대명사처럼 인식됐던 청계고가지만, 최초의
고가도로는 따로 있었다. 서울 아현동에서 서소문을 잇는
아현고가다. 청계고가보다 6개월 늦은 1968년 2월 3일에 착공했지만
7개월 15일 만에 공사를 마쳤다. 말 그대로 '속성' 공사였다. 당시
신문 기사는 길이 942미터, 폭 16미터의 이 공중 구조물을 짓는 데
철근 1200톤과 시멘트 4만 부대가 투입됐다고 전한다.

개통 초기의 아현고가도로.

이곳에 처음 고가도로가 계획된 것은 식민지 시대인
1930년대 말이었다. 1938년 2월 18일자 《동아일보》에 실린
「서소문정·아현정간 고가도로를 신설」이라는 기사에서 "[경성]부
토목과에서는 이백만 원의 예산으로 서소문정 입구에서 아현정에
빠지는 [경성]시구개수의 간선도로 일천오백 메돌[미터] 공사를
착수할 계획을 세우고 작년도부터 용지 매수에 착수하여 이미
그 매수를 마치엇다."고 기록한다. 당시로선 생소했을 이 공중
구조물을 설명하기 위해 기사는 "전차 포도 열차 등을 눈앞에
내려다볼 수 잇는 초현대적 고가도로"라고 썼다. 그러나 반응이
호의적이지 않았다. 하루 뒤에 나온 같은 신문의 칼럼은 이렇게
적고 있다. "보슬비 한줄금에도 이해화(泥海化)하는 [진창길이 되는]

아현고가도로 개통식에 참석한 김현옥 서울시장.

곳이 얼마나 만든가. [······] 격에 맞잔는 고가도로하여 [······] 갓 쓰고
자전거[자동차] 탄 기형도시를 만들기 전에 할일이 더 잇지안흘까."

　　　경성부의 고가 신설 계획은 실현되지 못했다. 전시(戰時)
경제 전환에 따른 예산 부족 탓이었다. 식민권력의 기획은 30년 뒤
일본 육사를 나온 군인 출신 통치자에 의해 현실화됐다. 1966년
박정희는 소심한 행정가였던 윤치영 대신 육군 준장 출신의
부산시장 김현옥을 서울시장에 앉혔다. 박정희는 당시 도시계획
수립에만 열중할 뿐 주민 반발과 예산 부족을 이유로 가시적 성과를
내지 못하는 윤치영에게 노골적인 불만을 드러내고 있었다. 1966년
3월 박정희가 "현실성 없는 도시계획만 세워놓고 실적이 없다."며
윤치영을 질책했다는 내용이 신문에 실렸다. 이즈음 박정희의 눈에
띈 인물이 김현옥이었다.

김현옥 서울시장은 임명 후
"도시계획 문제"를 언급하며,
"부산에서의 경험을 토대로
서울시의 특수사정을 가미, 과감한
대서울계획을 밀어 나가겠다."고
밝혔다.
실제로 서울시 예산 규모는
1966년 전년도보다 80퍼센트
증가한 135억 4500만 원,
1967년도에는 158억 2000만
원에 달했고, 그중 공익 건설
사업비가 109억 5000만 원으로
전체 예산의 70퍼센트를 차지했다.
동아일보(1966년 3월 30일자).

김현옥, 박정희의 오스만

육사를 졸업한 뒤 육군 수송학교장과 제1야전군사령부 참모장을
지낸 김현옥은 5·16 직후 부산시 A지구 행정관을 거쳐 1962년 12월
초대 부산직할시장에 임명됐다. 부산시장 재임 시절 김현옥은 역전
부두 지구 구획정리사업을 비롯해 곳곳에 도로를 뚫고 확장하는
역사를 벌여 박정희에게 깊은 인상을 남겼다. 1966년 3월 초 부산을
방문한 박정희가 서울시장 윤치영을 부산으로 불러 김현옥이 이룩한
성과를 보고 배우라고 했을 정도다. 윤치영이 경질된 것은 이로부터

아현고가도로

한 달이 채 안 된 3월 28일이었다.

시장에 취임한 김현옥은 행정의 우선순위를 건설에 두었다. 1966년 시 예산의 10퍼센트에 불과하던 건설 예산을 50퍼센트로 확대했고, 이듬해에는 그 비율을 75퍼센트까지 높였다. 이런 김현옥의 방침은 박정희를 만족시켰다. 1967년 재선을 노리는 박정희에게 수도 서울의 변화된 모습이야말로 자신이 내건 '근대화'의 성과를 가장 효과적으로 보여줄 수 있는 수단이었기 때문이다. 이런 상황에서 김현옥의 눈이 고가도로에 꽂힌 것은 당연한 귀결이었다. 대지 위로 떠올라 유연한 곡선을 그리며 뻗어나가는 고가도로야말로 20세기 인류가 꿈꿔온 미래 도시의 전형적인 모습이었기 때문이다.

실제 이탈리아의 미래주의 건축가 안토니오 산텔리아가 1910년대에 스케치한 미래 도시의 모습은 고층 건물과 기차역, 발전소, 입체 도로가 유기적으로 결합된 거대 기계에 가까웠다. 미래주의자들이 관심을 둔 것은 수송 체계의 역동성이었다. 이런 연유로 그들의 스케치에서는 다층의 교통로와 외부로 노출된 엘리베이터, 도로와 사무·생활공간을 연결하는 에스컬레이터가 강조됐다.

미래파가 상상했던 입체 도시의 이념은 르코르뷔지에의 「300만 거주자를 위한 현대 도시 계획안(*Ville contemporaine de trois millions d'habitants*)」(1922)과 파리 재건을 위한 「부아쟁 계획안(*Plan Voisin*)」(1925) 등을 거쳐 대공황 이후의 미국과 제2차 세계대전

르코르뷔지에, 「부아쟁 계획안」, 1925.

이후 유럽과 일본의 대도시들에서 일부가 현실화됐다. 고층화와
입체화, 이동의 가속화를 핵심 원리로 삼은 이 도시들은 철근과
콘크리트라는 신재료와 한층 정밀해진 구조역학, 유토피아적
상상력이 결합해 빚어낸 결과물이었다. 이 공간 안에서 도시와
도시를 연결하는 고속도로, 도시의 주요 거점을 잇는 입체의
가로망은 도시에 생명을 불어넣는 혈관들이나 다름없었다.

　　시장 취임 첫해인 1966년 11월, 김현옥은 한 달간 해외
도시 시찰에 나선다. 박정희의 권유였다. 당시 김현옥은 미국
뉴욕과 레스턴의 질서 정연한 도시계획과, 빌딩숲과 조화를 이룬
샌프란시스코의 사통팔달 도로망에 깊은 인상을 받은 것으로

알려졌다. 일각에선 그가 일본 도쿄 방문 때 하네다 공항에서
시가지로 이어지는 고가도로에서 청계고가에 대한 착상을 얻었을
것이라고 짐작하기도 한다.

'정지는 죽음'이라는 보편 법칙

서울 도심을 관통하는 고가도로 계획이 처음 발표된 것은 김현옥이
해외 시찰에서 돌아온 지 보름도 지나지 않은 그해 12월 30일이었다.
아현고가는 성동구 용두동에서 청계천까지 이어진 청계고가가
시청 앞과 서소문을 거쳐 신촌으로 이어지는 서쪽 구간에 속해
있었다. 최종 목적지는 김포공항이었다. 고가도로가 만들어짐으로써
공항에서 양화대교, 신촌 로터리를 거쳐 아현 고개에 이른 차량이
아현동 로터리의 정체 상황에 구애받지 않고 도심을 지나 동쪽 끝의
워커힐까지 신속히 이동하는 것이 가능해졌다. 이 루트는 공항을
통해 입국하는 국빈과 외국인들의 주 통행로이기도 했다.

　　1968년 가을 아현고가 구간이 1차로 완공되자 신문들은
상공에 헬기를 띄워 사진을 찍고 「내일을 딛는 거보(巨步)」, 「서울의
지붕 위로 뻗은 탄탄대로」 따위의 제목을 뽑아 지면에 내보냈다.
관광 엽서와 외국인용 홍보 책자에는 고가 위를 질주하는 자동차의
불빛 궤적을 장시간 노출로 담아낸 야경 화보가 단골로 실렸다.
개발과 성장이 정치적 정당성의 중요한 원천이 되면서 도시경관
자체가 국민적 동의를 조직하는 유력한 수단으로 기능하게 된

결과였다. 통치자들은 도심의 마천루와 넓은 광장, 사방으로 뚫린 도로망에 집착했다. 특히 고가도로는 입체성과 단순 명료한 기계미학 덕분에 발전과 효율, 성장을 과시하는 매체가 되기에 적합했다. 청계고가와 아현고가는 단순히 도심과 외곽을 연결하는 교통로가 아니라, 전쟁의 참화를 겪은 변방 국가의 눈부신 성장 기적을 과시하는 최적의 상징물이었던 것이다.

그러나 입체의 도로망은 그 자체로 정치적 기능을 갖는 물리적 구조물이기도 했다. 프랑스 철학자 폴 비릴리오(Paul Virilio)의 말처럼 현대사회에서 "정지는 죽음이며, 그것은 전 세계의 보편 법칙"(이재원 역, 『속도와 정치』, 그린비, 2004)이 됐기 때문이다. '드로몰로지(Dromology, 질주학)'라는 독창적 이론 체계에 근거해 인류사의 진화를 설명하는 비릴리오는 현대의 특징을 '빠른 것이 느린 것을 지배하는 것'에서 찾는다. 도시 재개발의 원조로 지목되는 조르주 외젠 오스만(Georges-Eugène Haussmann)의 파리 대개조 역시 이런 정치적 필요에 복무하는 것이었다. 실제 19세기 유럽의 대도시에서 국가권력의 행사에 가장 위협이 되는 요소는 비좁고 복잡한 미로형 가로망이었다. 미로들은 언제든 '난동자'들의 해방구로 전환될 준비를 갖추고 있었다. 영화 「레미제라블」의 장례식 장면에서 드러나듯, 대부분의 봉기는 가구와 잡동사니를 끌어모아 바리케이드를 쌓는 일에서 시작됐다. 통치자들로선 바리케이드가 견고하게 구축되기 전에 저항을 분쇄해야 했다. 파리 대개조를 통해 마련된 방사형 광폭 도로망은 소요 발생 시 무장 병력과 대포를

아현동 上空서 서소문쪽을 바라본 아현 高架道路. 【本社헬리콥터이 공중서호……金수鎬소장】

서울 아현高架道路

글 金光協 · 사진 李宜澤

"많은 것들이 달라지고 있다. 그중에 '길'이 달라지는 모습은 유난하다."
동아일보(1968년 12월 12일자).

신속히 이동시킴으로써 봉기를 무력화했다.

정치적 목적에 따라 정비된 도로망은 머잖아 자본을 위한 이윤 기계로 전환됐다. 산업화와 함께 인구의 도시집중이 가속화하자 도심 외곽의 노동자들을 작업장으로 이동하기 위한 교통수단의 확보가 시급한 과제로 떠올랐다. 확장되고 입체화된 도로망은 노동력의 안정적 이동을 보장했고, 물류의 유통 속도를 가속화함으로써 자본의 축적과 순환을 촉진했다. 나아가 그것은 과잉 축적으로 발생한 잉여 자본이 시스템 자체를 파괴하지 않도록 그 폭발력을 적절히 소진할 수 있는 체제의 안전판이기도 했다.

자본, 도시경관의 창조적 파괴자

그러나 좋은 시절은 오래갈 수 없었다. 현대성이 표방하는 새로운 세계는 지나간 낡은 것을 깨뜨리지 않고선 생겨날 수 없기 때문이다. 한국도 예외는 아니었다. 자본의 축적과 순환을 촉진하고, 통치의 안정과 국민적 동의를 확보하는 수단으로 기능했던 이 입체 구조물 역시 50년을 채 넘기지 못하고 자신을 만들어낸 체제의 욕망과 필요에 의해 파괴될 운명을 맞았다. 과잉 축적의 위기가 항존하는 한 잉여 자본을 해소할 대상은 주어진 물리적 공간의 경계 안에서 부단히 물색돼야 하는 탓이다. 도시라는 공간과 그 내부의 숱한 구조물이 건설과 파괴의 주기적 순환에 휘말릴 수밖에 없는 이유다.

2014년 2월 9일 해체 작업에 돌입한 아현고가는 '최초'라는

아현고가도로는 노후화로 인한
유지관리비 증가와 안전 문제,
도심 경관 훼손 등의 이유로
2014년, 46년 만에 철거되었다.
철거 전 아현고가를 걸어볼
수 있는 행사가 열리기도 했다.
고가 철거 후 아현 뉴타운 등
인근 아파트 매매가격과 상가
임대료가 상승했으나 상권은
기대만큼 활성화되지 않았다.

위상에도 불구하고, 그 존재의 자취 한 줌 남길 권리를 부여받지
못했다. 목 잘린 영웅이 감내해야 할 능욕은 피했으니 차라리
다행이라 해야 할까. 오래잖아 같은 운명을 맞게 될, 모든 잠재적
패자들을 애도하며 시인은 썼다.

> 모든 잠시 있는 것들을 나는
> 추모한다 유행가와 슬로건과 아취를
> 광화문과 시청과 미 대사관과 해태와
> 어제 개관한 교보 빌딩과
> ....
> 이 묶음 부호 속에 들어갈 말 못할 더 많은 것들을
> —황지우, 앞의 시

세운상가

하늘 아래 새로운 욕망은 없다

네가 욕망하는 거라면 뭐든 다 줄 거야

환한 불빛으로 세운상가는 서 있고

오늘도 나는 끊임없이 다가간다 잡힐 듯 달아나는

마음 사막 저편의 신기루를 향하여

—유하, 「세운상가 키드의 사랑 2」

세운상가라는 이름의 콘크리트 유적은 서울 종묘 앞에서 청계천로,

을지로를 거쳐 퇴계로로 이어지는 1킬로미터의 남북축을 따라

네 덩어리의 상자형 건물로 도열해 있다. 음산한 몰락의 기운만이

느껴지는 남루한 건축물이지만 녹록잖은 건축사적 무게 덕에

2000년대 초부터 건축학도와 문화운동가들의 발길이 끊이지

않았다.

원쪽 한국 현대사에서 가장 악명 높은 성매매 집결지였던 종삼.
오른쪽 완공 막바지 단계의 세운상가와 종묘의 전경.

모더니티를 과시하고 싶은 자, 치적(峙積)하라

'주상복합건축물의 효시'이자 '집합건축(Mega) 프로젝트의 원조'라는
평가는 세운상가를 논할 때면 설계자 김수근의 이름과 함께 세트로
따라붙는 단골 문구다. 대지 1만 6308제곱미터, 연면적 20만
5898제곱미터, 2000개가 넘는 점포와 호텔 객실 177개, 주거용
아파트 851채. 이 같은 거대 규모의 복합 건물군이 1인당 국민소득이
144달러에 불과하던 시절, '종삼'이라 불린 최대의 유곽 지대를
쓸어내고 들어섰다는 것은 왕조시대의 대역사(大役事)에 견줄 만한
역사적 사건이었다.

　　　지역명이나 건설업체 이름과도 무관한 '세운'이란 명칭을
갖는 과정 역시 흥미롭다. 2016년 타계한 원로 도시학자 손정목에
따르면 그 연원은 1966년 9월 8일 세운상가 A지구 기공식 당시로
거슬러 올라간다. 행사장을 찾은 서울시장 김현옥이 즉석에서

세운상가라는 휘호를 써 증정했던 것인데 '세계(世)의 기운(運)이
모이라.'는 뜻이 담겼다고 한다. 비루한 주변부적 현실로부터
탈출을 욕망하던 당대의 집단 무의식이 군인 출신 행정가의 직설
화법을 통해 민자 건축물의 이름에까지 투영된 것이다. 말 그대로
신경증적인 성장 강박의 시대였다.

여의도가 그렇듯 세운상가는 '박정희-김현옥-김수근
체제'가 낳은 대표적 조형 유산이다. 김현옥은 시장 취임 후 일주일도
되지 않은 1966년 6월, 종묘에서 퇴계로에 이르는 슬럼을 답사한
뒤 이곳에 민간자본으로 초현대식 건물을 짓는다는 복안을 들고서
박정희를 찾아간다. 폭 50미터, 길이 850미터의 공터가 생겨난 것은
불과 2개월 뒤였다. 당시 집권층이 이 프로젝트에 얼마나 큰 의미를
부여하고 있었는지는 1년 뒤 준공식에 박정희가 참석한 데서도
드러난다. 취약한 정치적 정당성을 보완하기 위해 경제성장이라는
가시적 성과에 집착할 수밖에 없었던 박정희에게 대규모 건축물은
근대화와 성장이라는 집권의 명분과 치적을 드러내는 가장 효과적인
매체였던 것이다.

이런 연유로 세운상가는 누군가의 위엄과 업적을
상기시키려는 음험한 욕망을 자신의 기념비적 외형을 통해
끊임없이 드러낸다. 이 기념비성이 가장 극단적으로 표출된 공간이
종로변이었다. 지금의 세운초록띠 공원이 들어서기 전, 종로변에서
바라본 세운상가는 말 그대로 평지돌출이었다. 콘크리트 구조물이
갖는 중량감은 그 위압감을 한층 배가했는데, 건물의 이런 위압성은

맞은편에 위치한 종묘라는 수평 공간과의 대비 속에서 시각적 강렬함을 획득했다.

태양의 궤적이 지표면에 근접하는 겨울철, 오후의 세운상가는 종로의 8차선 도로를 가로질러 종묘의 외대문 앞까지 긴 그림자를 드리웠다. 건축물에 담긴 수직적 조형 의지가 왕조의 공간을 압도하는 거인의 이미지로 번안되는 순간이었다. 부서지는 역광을 뚫고 하늘을 향해 솟아오른 육중한 몸체는 단순히 극동의 한 변방 국가가 성취한 기적 같은 도약을 지시하는 것에 머무르지 않았다. 견고한 모든 것을 대기 속에 녹여버리고, 성스러운 모든 것을 세속화하는 현대성의 위력 그 자체였던 것이다.

을지로, 퇴계로 등 간선도로와 접해 있는 전면부를

총 여덟 개의 건축물이 일렬로 서 있는 모습이 도심을 헤쳐나가는 거대한 방주 같다.

왼쪽 공중 보행데크를 통행하는 사람들의 모습.
오른쪽 세운상가 준공식에 참석한 박정희 대통령과 김현옥 서울시장.

타워형으로 고층화한 점 역시 '무엇을, 누구에게, 어떻게 보여줄
것인가.'라는 재현(再現)적 관심이 건축물의 기능적 효율성을
압도하는 규제적 조형 이념을 보여주는 대목이다.

　　이러한 집단 무의식은 건축물의 외형을 통해서 보다
적극적으로 표현된다. 네 개의 건물군을 하나하나 떼어놓고 본다면
세운상가는 물 위에 뜬 선박의 형상을 하고 있다. 필로티(기둥)에
의해 지면으로부터 떠오르듯 지탱되는 육중한 몸체, 선박의
상층부와 갑판을 옮겨놓은 듯한 공중정원과 보행데크는 주변에
펼쳐진 '슬럼의 바다'와 공간적 대비를 통해 이 건축물에 거대한
'방주'의 이미지를 부여한다.

　　위험한 외부 세계로부터 '격리'를 통해 '존재론적
안전'을 제공하는 방주의 기능적 표상은 의미론적 확장을 거쳐
'구원'이라는 모티프로 연결되는데, 유사한 사례를 르코르뷔지에가

프랑스 마르세유에 건설한 집합주택 '위니테 다비타시옹(Unité d'habitation)'에서도 찾아볼 수 있다. 르코르뷔지에가 1952년에 지은 길이 165미터, 높이 56미터의 집합주택인 위니테는 단일 건물 안에 337세대의 주거 공간과 함께 호텔, 상가, 유치원, 공중정원 등의 공동 공간을 수용했다. 위니테는 필로티에 의한 부양 효과뿐 아니라 여객선의 내부 구조를 차용한 공간과 복도 구성, 더 나아가 옥상정원에 굴뚝 모양의 대형 환기 기둥을 설치함으로써 증기여객선의 이미지를 극대화했다.

여러 건축물이 단일 프로젝트에 의해 축조된 메가 건축물답게 세운상가는 통합된 하나의 이미지를 함께 갖는데, 이 점은 남산 중턱에 올라 건물군 전체를 조망해보면 더욱 확연해진다. 상자형의 긴 건물들이 북쪽을 향해 일렬로 늘어선 모습에선 금방이라도 탁 트인 종묘를 지나 북악의 능선을 차고 이륙하려는 듯한 강한 운동성이 느껴진다. 출발을 앞둔 열차의 형상이다. 20세기 기계미학의 총아인 열차는 그 자체로 '대상화된 모더니티'지만 열차가 표상하는 속도감, 새로운 교통수단, 미지의 장소를 향한 여행 등의 이미지는 '현실에 대한 부정과 극복'이라는 모더니티의 근원적 초월 의지와도 맞닿아 있다. 세운상가는 그 이름에서뿐만 아니라 물질적 외형을 통해서도 '구원'과 '초월'이라는 당대의 사회적 무의식을 고스란히 드러내고 있는 것이다.

세운상가

주변부에서 겉도는 모더니스트의 이상

세운상가에는 아직도 모더니스트 김수근이 꿈꿨던 이상
도시의 흔적들이 곳곳에 남아있다. 김수근이 세운상가에
실현하고자 했던 이상은 '녹지 위의 고층주거'라는 1930년
근대건축국제회의(CIAM)의 근본이념, 그리고 건물에 가로의 기능을
첨가한 50년대 '팀 텐(Team X)' 그룹의 다층 도시 구상에 뿌리를
두고 있다. 김수근은 1970년 한 월간지가 주최한 좌담에서 서울의
교통 문제를 해결할 대안으로 "상하로 움직이며 모든 일을 볼 수
있는 공간계획"(《신동아》 1970년 5월호)을 제안하고 있다.하나의(또는
복합의) 건축물 안에 다양한 사회·경제적 기능을 집적시킨 '도시
안의 도시'를 염두에 두고 있었던 것이다.

　　　김수근의 조형 의지는 '주상복합'이라는 세운상가의 용도
형태를 통해 일차적으로 실현되고 있다. 세운상가는 전술한 대로
일정 규모의 건축물 안에 상업 기능과 주거 기능을 수용하고
놀이, 교육, 공공서비스 등 각종 편의 시설을 도입하려는 구상에서
출현했다. 그러나 초등학교와 동사무소의 입주 계획은 무산됐고,
D지구를 제외한 나머지 지구의 아파트는 주거 공간으로서의 기능을
상실했다.

　　　이는 무엇보다 초창기 국내 주상복합건물의 태생적 한계에서
기인하는 바가 컸다. 주거지-직장 분리와 교외화에 따른 도심
공동화를 방지하기 위한 정책적 관심에서 주상복합이란 용도 형태를
채택한 것이 아니라, '용적률 제고를 통한 분양 면적의 극대화'라는

제 기능을 상실한 공중데크.

이윤 논리를 따라 선택한 대안이었기 때문이다. 당연히 주차나 소음, 대기오염 등 주거의 쾌적도 실현을 위한 공학적 배려가 있을 리 만무했다.

　　　세운상가에 남아있는 '입체 도시'의 흔적은 지상 7.5미터 높이로 설치된 공중 보행데크에서 절정의 비극미를 보여준다. 김수근은 종로부터 퇴계로까지 1.2킬로미터 거리를 폭 15미터의 공중가로로 연결하려고 했으나 마른내길 위에 놓여야 할 C~D지구 간 연결가로가 설치되지 않으면서 그의 구상은 처음부터 어긋나게 된다.

　　　애초 김수근의 구상에서 공중가로는 세운상가 프로젝트의 가장 중요한 조형 요소였다. 그 뿌리는 건물과 건물을 3층 단위의

세운상가

CCTV, 감시용 카메라, 모니터, TV 등을 팔고 있는 상가.

데크로 연결하고 이곳에 전통 가로의 기능을 부여, 만남과 놀이의
복합 공간으로 활용하려고 했던 스미슨 부부(Alison & Peter
Smithson)의 「골든레인 주거단지계획(*Golden Lane Project*)」(1952)이다.
김수근은 1층을 자동차전용도로로 할애하는 대신 3층의
옥외가로에 산책로와 쇼핑 공간의 기능을 부여함으로써 종로,
을지로, 충무로 등 기존의 상업 거리와 입체적으로 교차하는 보행
전용 쇼핑몰로 만들려는 심산이었다.

　　그러나 세운상가의 공중데크는 처음부터 가로의 기능을
수행하기에는 무리한 구석이 많았다. 그나마 C지구까지 연결돼 있던
데크가 2003년 시작된 청계천 복원 공사로 완전히 끊기면서 오랜
기간 이 공간은 '금지된 상품들의 암시장' 구실 외엔 특별한 용도를
부여받지 못했다.

　　현재 이 공간의 모습은 폐허에 가깝다. 데크로 올라가기
무섭게 맞닥뜨리는 것은 "도청감지기, 도박장비, 몰카장비, 비아그라,

흥분제" 따위의 퇴폐적인 어휘들로 가득 찬 입간판들이다. 상가들은
절반 이상 문을 닫았고 곳곳엔 빈 박스와 폐전자제품이 쌓여
있을 뿐 오가는 사람은 찾기 힘들다. 진양상가가 위치한 D지구의
공중데크는 오래전부터 주차 공간으로 사용되고 있다.

　　공중데크와 함께 세운상가의 좌절된 이상주의를 가장
극적으로 표상하는 장치가 '공중정원'이다. A지구 5층에 설치된
300~400평 규모의 이 개방 공간에서 김수근은 르코르뷔지에가
위니테의 옥상에서 시도했던 휴식과 놀이, 교류가 공존하는
공동체적 공간을 꿈꿨다. 하지만 이곳은 중심을 욕망한
모더니스트의 이상과 비루한 반주변부적 현실 사이의 좁힐 수
없는 거리만을 증언할 뿐이다. 공터 일부에 생뚱맞게 조성된 화단
주변에는 사람은 없고 상인들이 내어놓은 낡은 컴퓨터와 고장 난

개장 초기 상가 내부 모습.

냉장고, 폐브라운관 더미들뿐이다.

A지구 5~8층 사이에 위치한 상가아파트에서 눈길을
끄는 것은 일반 아파트에서 좀체 찾기 힘든 이색적 공간 배치다.
넓게 펼쳐진 직사각형의 실내 광장 위로 ㅁ자형 데크가 8층까지
이어진다. 20세기 초까지 서구에서 유행했다는 '중정(中庭)형'
아파트의 전형이다. 천장에는 채광창이 설치돼 있는데, 햇빛과
바람을 끌어들이고 거주환경의 수준을 높이기 위해 설치했다는
'아트리움'이다.

　　그러나 이 같은 조형 요소들에도 불구하고 내부의 분위기는
전반적으로 무겁고 침침하다. 채광창의 크기가 작아 실내로 들어온
빛의 양이 턱없이 부족할뿐더러 창의 재질 역시 유리가 아닌

값싼 PVC 슬레이트로 만들어져 변색과 먼지에 속수무책이었던 까닭이다. 이처럼 열악한 환경 탓에 공동체적 교류의 공간이어야 할 중정은 의미 없이 넓은 통로 이상의 기능을 수행하지 못했다.

이윤 논리의 영광은 곧 시련으로

이렇듯 건축가의 조형 의지는 사용자들의 무관심과 자본의 근시안적 이윤 논리에 밀려 곳곳에서 참패했다. 채 세 평이 되지 않는 협소한 상가 면적과 이용자에 대한 배려라곤 찾아볼 수 없는 불친절한 통로 구조, 주차장이자 적치 공간으로 전락한 1층 차로와 빈곤한 공용 공간…… 세운상가를 지배하고 있는 것은 결국 '최소 면적에 최대의 임대 수익'이라는 지대 자본의 이윤 논리, 입주 상인들의 즉물적 생존 논리였다. 세운상가는 이런 점에서 한국의 모더니티가 숙명처럼 간직한 천민성과 불모성, 나아가 제3세계 도시 공간에서 진행되어온 자본에 의한 공간의 식민화를 극적인 형태로 보여주고 있다.

이러한 세운상가의 생애사는 희극보다는 비극에 가깝다. 프로젝트가 처음 구상된 1966년 1인당 GNP가 114달러, 서울시 1년 예산이 135억 4500만 원에 불과하던 시절이었음을 감안한다면 공사비만도 44억 6000만 원이 들어가는 거대 프로젝트는 처음부터 무리한 것이었는지도 모른다. 결국 시는 사업비 전액을 민간 건설업자들로부터 동원하는 초유의 시도를 감행하는데, 이에 따라 네 개의 건물군이 하나의 유기적 원칙에 의해 건축되는 '메가

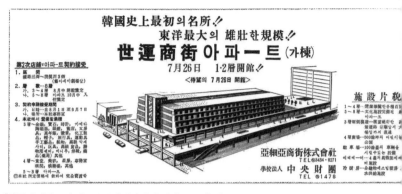

"한국사상최초의 명소!! 동양최대의 웅장한 규모!!" 신문에 실린 세운상가아파트 광고. 동아일보(1967년 7월 24일자).

프로젝트'의 이념은 사라지고 여섯 개의 민간업자에 의해 추진되는 여섯 개의 각기 다른 프로젝트로 전락하고 만다.

　　그럼에도 불구하고 도심의 슬럼 지대에 우뚝 솟은 세운상가는 그 웅장한 스케일만으로도 시민들의 기대와 관심을 한 몸에 받기에 충분했다. 상가는 개점 이후 한동안 그 인기가 대단했다. 당시 남대문로에 신세계·미도파, 종로 화신·신신백화점 등이 있었지만 건물은 낡은 데다 대부분 임대료를 내는 소매상 집단에 의해 운영되고 있어 잡화점이나 다름없었다. 반면 세운상가는 직영체제는 아니었지만 건물과 시설이 새롭고, 업종별 집단화를 통한 저가 판매가 가능했던 탓에 많은 고객을 유치할 수 있었다. 당시 상가 1층에서는 수입 상품을 취급했고, 2층은 양품부, 3층은 주단부 매장, 4층과 5층에는 현대자동차와 금강개발 본사가 입주해 있었다.

아파트 역시 선풍적인 인기를 끌었다. A지구 상가아파트의 경우 지금으로 치면 국민주택 규모에 불과했지만 국내에선 처음으로 중앙집중식 난방시설에 엘리베이터까지 갖춘 덕에 당시에는 연예인, 대학교수, 고급공무원 등 상류층 인사들이 주로 살았다. 22층짜리 진양아파트가 위치한 D지구의 다섯 개 층은 75년 여의도 국회의사당이 완공되기 전까지 의원회관으로 사용됐다.

그러나 영광이 시련으로 바뀌기까지는 채 10년이 걸리지 않았다. 신세계 백화점에 이어 미도파가 1973년 건물을 보수하고 완전 직영체제로 전환하자 서울의 중심 상권은 다시 충무로와 명동으로 옮겨갔다. 이후 세운상가는 전자제품 상가로 특화되면서 80년대 컬러텔레비전과 가정용 컴퓨터 붐을 계기로 다시 한 번 중흥기를 맞지만 87년 용산전자상가와 90년대 중반 구의동 테크노마트가 개장하면서 상권이 분산, 쇠락의 길을 걷는다. 그사이 들려온 세운상가에 대한 풍문들은 대개가 밀수나 후끼(중고품을 새것처럼 속여 파는 것), 음란물 유통 등과 관련된 '추문'들이었다.

역사는 비극과 희극으로 두 번 반복된다

세운상가는 최근까지도 특화된 전자상가로서 명맥을 유지하고 있다. 하지만 백화점과 할인점, 인터넷 판매의 위세에 밀려 상권의 규모는 전성기였던 1970~1980년대에 견줘 속절없이 쪼그라들었다. 여기에

'도심 교통난의 주범', '남북녹지축을 훼손하고 동서 간 도심 흐름을 단절시킨 흉물 장벽' 등 1970년대 말부터 제기된 비난이 강도를 더해가면서 이명박 서울시장 재임 시절인 2000년대 중반에는 건물을 헐고 녹지 공원을 조성한다는 재개발안까지 나왔다.

당시로선 재개발이 불가피한 선택으로 여겨졌다. 계란을 깨뜨리지 않고 오믈렛을 만들 수 없듯 창조는 파괴를, 건설은 폐허를 동반한다. 이 같은 창조와 파괴의 주기적 순환이 자본주의의 핵심 동력임을 간파한 인물은 오스트리아 경제학자 조지프 슘페터(Joseph Schumpeter)였다. 그는 현대성의 본질을 '창조적 파괴'란 이름으로 정리했다. 세운상가는 그 짧고도 강렬한 희비극적 생애를 통해 '창조적 파괴'와 그에 수반되는 '허무의 멜랑콜리'를 극적으로 변주해 보여준다.

2004년 11월 발표된 서울시의 중장기 도시환경정비계획에 따라, 세운상가가 들어선 종로−퇴계로의 남북축에는 2020년까지 종묘에서 남산을 잇는 도심 녹지축이 조성되고 주변에는 초고층 주상복합 아파트가 들어설 예정이었다. 김현옥의 창조적 파괴를 통해 그 기초가 마련된 건축 프로젝트가 이명박이라는 또 다른 파괴자에 의해 일소될 운명에 직면했던 것이다. 중요한 것은 김현옥의 파괴가 자본축적의 기초를 마련하고 기념비적 도시를 건설하려는 당대의 필요에 부응한 것이었다면, 이명박의 파괴는 건설 경기를 되살려 축적 위기를 돌파하려는 고도화된 토건 국가의 요구에 복무하고 있었다는 점이다. 이런 점에서 "역사는 비극과

종로를 가로질러 종묘공원까지 그림자를 드리운 세운상가. 건물에 담긴 수직적
조형 의지가 왕조의 공간을 압도하는 거인의 이미지로 번안되는 순간이다.

희극으로 두 번 반복된다."던 마르크스의 통찰은 세운상가의 운명을
압축적으로 표현하는 말이기도 했다. 김현옥이 세운상가란 무대
위에 올려진 첫 번째 비극의 연출자였다면, 38년 뒤 이명박은 언젠가
무대 위에 올려질 두 번째 희극의 각본을 써 내려가고 있었던 셈이다.

　　세운상가의 생애사는 한편으로 모더니티의 핵심 동력인
창조적 파괴의 이미지를 가장 극적인 형태로 보여준다. 그것은
과거의 쓰레기 더미로부터 멋진 신세계를 만들어내기 위해 모든
신화와 가치, 일상적 생활 방식을 파괴해버리는 파우스트의

세운상가

철거 전 종로변
세운상가(현대상가)의 모습.

세운상가의 상징과도
같았던 종로변의 타워형
건물을 헐어낸 자리에
세운초록띠공원이 들어섰다.

이미지다. 그러나 파우스트의 충동이 그를 결국 타락과 폐륜이라는 자기 파괴의 비극으로 이끌듯 '발전'과 '진보'를 위한 파괴 역시 새롭게 만들어진 사회적·물리적 공간 위에 끊임없이 새로운 폐허를 만들어냄으로써 '파괴의 장기 지속'을 낳는다. 세운상가는 '자기 파괴'라는 모더니티의 숙명을 자신의 희비극적 생애와 운명을 통해 이야기하고 있을 뿐 아니라, 반세기의 생애 주기를 통해 한국의 모던화 과정이 보여준 '압축성'과 '돌진성'을 시·공간적으로 변주해 보인다.

　　　세운상가가 이야기하는 것은 여기에 그치지 않는다. 세운상가는 건축물에 반영된 당대의 축적체제와 국가, 자본, 시민사회의 역학 관계 등 역사적 현상태를 '온몸으로' 발언한다. 그 발언의 속기록엔 자기과시, 억압, 무책임성 등으로 특징지어지는 국가권력의 헤게모니 부재 상황, 근시안적 이윤 추구를 속성으로 하는 동시대 자본의 천민성, 관변 예술가의 좌절된 기술 이상, 시민사회의 불임성 같은 우울한 목록들로 가득하다. 세운상가는 한국 모더니티의 알레고리이자 자서전이다.

파괴 아닌 재생의 실험실

2016년 1월 서울시장 박원순은 '다시 세운 프로젝트'라는 이름으로 또 한 번의 침로 변경을 시도한다. 프로젝트 선포식에 나온 박원순은 "세운상가는 서울의 4차 산업혁명을 이끌어갈 창의제조산업의

남산 방향으로 바라본 세운상가 건물군. 세월이 흘러 주변에 지어진 수많은
고층 건물들로 인해 평지돌출의 기운이 쇠락해버렸다.

혁신지로 거듭날 것"이라고 공언했다. 프로젝트의 첫 단계는
종로변의 세운초록띠공원에서 퇴계로변 진양상가에 이르는
1킬로미터 길이의 보행축 복원이다. 김수근이 처음 세운상가 설계에
담으려 했던 구상이기도 하다.

　　　프로젝트가 본격화하면 3층 높이의 보행데크에는 전시실과
휴게실, 화장실 등 거점 공간 30여 개가 컨테이너 박스 형태로
들어서고, 지상과 연결하는 엘리베이터와 에스컬레이터도 설치된다.
전자제품 유통·수리산업의 재생을 위한 협동조합과 교육기관이

설립되고, 예술인들의 정착을 위한 지원책도 마련돼 말 그대로 '도심 재생'을 위한 하드웨어와 소프트웨어를 모두 확보하게 된다는 게 서울시의 설명이다.

이로써 세운상가는 '파괴 아닌 재생'이라는 도심 활성화의 새로운 실험실 역할을 부여받았다. 실험이 성공할지는 누구도 확신하지 못한다. 그동안 이 공간의 '소생'을 위한 허다한 시도들이 이해 당사자의 반발과 투자자의 외면, 행정 주체의 잦은 교체 때문에 그럴싸한 수술 견적서만 남긴 채 좌초하는 경우를 충분히 목격해온 탓이다. 그 실험이 설령 성공한다 해도 이 공간에 뿌리내리고 살아온 누군가에겐 또 다른 '귀속 박탈'을 의미하지 않는다고 단언하기 어렵다. 파괴든 재생이든, 그것이 자기 증식이란 자본의 매한가지 욕망이 빚어내는 변화인 한, 항상 누군가의 추방을 예고한다는 사실을 서촌과 홍대앞, 경리단길, 문래동 등 서울의 신흥 상업 명소들에서 적나라하게 목도하지 않았던가. 하늘 아래 새로운 욕망이란 없다.

> 욕망한다는 것
> 그 자체가 쓰레기의 끝없는 재활용일 뿐이야
> —유하, 「재즈 1」

마르크스가 예견 못한 성과 속의 변증법

견고한 모든 것은 대기 속에 녹아 사라진다.

—카를 마르크스

현대자본주의 사회의 역동성에 관한 마르크스의 진술은 사뭇
시적이어서 현대성의 명암에 천착했던 많은 모더니스트들이 즐겨
구사하는 인용구가 됐다. 『공산당선언』에 등장하는 이 아포리즘은
세 개의 절로 이뤄진 병렬문의 첫 번째 문장인데, 이어진 두 번째
절은 "성스러운 모든 것은 세속화한다."는 것이다. 자본주의 시스템을
추동하는 '창조적 파괴'의 위력 앞에서 전통적 신분 질서와 가치
체계는 물론, 종교의 원천인 성(聖)의 세계 역시 필연적으로 붕괴할
수밖에 없음을 마르크스는 예견했던 것이다.

성당 입구와 후면부.

마르크스는 틀렸고 엘리아데가 옳았다

그러나 이 명민했던 천재의 직관과 달리 종교는 파괴의 시간을 견디고 살아남았다. 아니, 그 신탁을 비웃기라도 하듯 도시에 불을 밝힌 십자가는 현실에 미만한 고통의 총량에 비례해 꾸준히 늘었다. 종교의 운명에 관한 한, 마르크스가 틀렸고 엘리아데(Mircea Eliade)는 옳았던 것일까. 파시즘과의 연루 의혹에 시달리기도 했던 이 루마니아 태생의 종교학자는 썼다. "성에 대하여 우선 내릴 수 있는 정의는 그것이 속의 역(逆)이라는 것이다."(『성과 속』, 한길사, 1998) 엘리아데에게 성과 속은 단절된 세계가 아니라 '속이 없으면 성도 없고, 성이 없으면 속도 없는' 불가분의 실존 범주다. 성스러움이 드러나기 위해선 속의 세계를 요청하지 않을 수 없고, 성스러움은 오직 속 안에서만 스스로를 드러내기 때문이다.

서울 마포구 아현동에 있는 한국정교회 성 니콜라스 성당은 이러한 '성과 속의 변증법'이 극적으로 펼쳐지는 공간이다. 지금의

1 건축 읽기

성 니콜라스 성당은 국내에서 보기 드문 비잔틴 양식으로 지어졌다. 전통적인
돌쌓기 방식이 아닌 철근콘크리트 아치에 철골 돔을 앉혔다.

경향신문사 자리에 있던 옛 성전을 매각하고 마포로가 굽어보이는
애오개 언덕바지에 새 건물을 지어올린 게 1968년. 한국정교회의
본산인 이곳은 마포로에 고층 오피스 빌딩들이 들어서기 전만 해도
백색의 아치 위로 솟아오른 청동 돔 때문에 어디서나 쉽게 눈에
띄었다. 주변 산동네 아이들은 이곳을 '대머리 교회'라고 불렀다.

성당으로 오르는 길은 좁지만 완만하다. 3년 전 처음 성당을
찾아 골목길 모퉁이를 돌았을 때 가장 먼저 마주치는 것이 담벼락에
나붙은 공덕1구역 재건축조합 명의의 조합 총회 공고문이었다.
파괴와 개발의 파우스트적 욕망은 성 니콜라스의 성체가 안치된 이
작은 언덕마저 비켜가지 않았던 것이다. 당시 언덕 정상의 야트막한

성 니콜라스 성당

다세대주택 건물군 너머로는 공사용 타워크레인이 여기저기
솟아 있었다. 공사가 한창이던 아현4구역 재개발사업 때문이었다.
그로부터 2년이 지난 2015년, 이곳엔 거대 토건 자본의 브랜드
아파트가 들어섰다. 다행히 성당 경내는 사업 구역에서 제외돼 별
문제가 없었다. 하지만 신자유주의적 토건 질서가 구역 재편을
마무리 지으면서 이곳은 고층의 아파트군에 둘러싸인 고도(孤島)가
되었다. 맘몬(mommon, 부(富)·돈·재물·소유)의 세속 질서가 구축한
견고한 포위망이, 엘리아데의 말대로 이 작은 성소의 거룩함을
앞으로도 오롯이 빛내줄 수 있을지는 누구도 예단 못 할 일이다.

　　동쪽으로 트인 대문을 지나 계단을 오르면 이제껏 통과해온
공간과는 다른 세계가 펼쳐진다. 종교학이 말하는 '거룩한 실재와의
조우'가 이런 것일까. 그러나 장소의 거룩함은 속된 외부 세계와의
대비를 통해서만 실현되는 것은 아니었다. 종교 건축물이 갖는
고유한 힘은 이곳에도 완연한데, 그 힘의 상당량은 공간에 구현된
독특한 건축양식에서 비롯되는 듯하다. 한국정교회의 유일한 대주교
봉직 성당인 이곳은 국내에서 보기 드문 비잔틴 양식이다.

　　건물이 처음부터 비잔틴식으로 계획됐던 것은 아니다.
설계를 의뢰받은 건축가 조창한이 애초 참조한 것은 프랭크
로이드 라이트(Frank Lloyd Wright)가 1956년 미국 밀워키에 지은
정교회 성당(Greek Orthodox Church)이었다. 그러나 조창한의
설계안을 받아본 정교회 쪽이 난색을 표했다. 형태가 너무
현대적이라는 이유였다. 건축가의 회고에 따르면 "건축주는 이

　　　　　　　　　　　　　1 건축 읽기

건물이 한국정교회의 모(母)교회라는 점을 강조했다. 이스탄불의 총대주교청에 허락을 구해야 한다는 말도 덧붙였다. 그분들 얘기가 이번엔 비잔틴의 전통 양식으로 하고, 조 선생의 설계안은 다음 성당을 지을 때 시도해보자는 것이었다."

돔, 건축 전체를 지배하는 하늘의 상징

건축주의 설득에 건축가가 물러섰다. 조창한은 정교회 초대 한국인 신부의 아들(정교회는 주교가 아닌 평사제에겐 결혼을 허용한다.)인 김창식의 도움으로 설계에 착수했다. 김창식은 그리스 아테네대학교에서 신학을 공부하고 돌아온 그리스통으로 비잔틴 성당 건축에도 조예가 깊었다. 그리스 쪽에 요청해 비잔틴 성당의 도면과 사진도 공수해왔다. 정방형의 그리스식 십자가 평면에 철근콘크리트로 아치와 지붕을 세우고 중앙에 철골 돔을 앉힌 형태로 최종안을 확정했다. 전통적인 돌쌓기 방식으로 지어 올리기엔 시간과 비용이 턱없이 부족했던 탓이다.

　　문제는 돔이었다. 당시 국내에 있던 돔 구조물은 일본인이 지은 중앙청과 서울역사가 전부였다. 그러나 이 건물들의 돔은 내부 구조를 완벽히 장악하는 형태와는 거리가 멀었다. 1960년 김정수가 철골 트러스 방식으로 조립해 올린 장충체육관이 있었지만, 이 역시 성당 건축에 참조할 만한 사례는 못 됐다고 조창한은 회고한다. "종교 건축과 관공서 건축은 다르다. 비잔틴 성당에서 돔은 하늘을

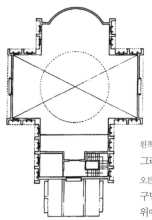
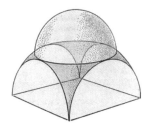

왼쪽 성당 평면도. 비잔틴 양식의 표준 구성인 그리스식 십자가 평면의 중앙에 돔을 위치시켰다.

오른쪽 펜던티브 돔. 정방형 평면의 네 구석에서 구면(球面) 삼각형을 세워 원형 평면을 만들고, 그 위에 반원구의 돔을 얹는 형식이다.

상징한다. 건물 전체를 돔이 지배하는 형태로 만들어야 했다." 철골로 반구(半球) 형태의 뼈대를 만들고 철판을 붙여 구조체를 완성한 뒤 원통형 드럼 위에 올렸다. 돔 표면에는 동판을 덧대고, 돔을 중심으로 퍼져 나간 십자 지붕에는 에게해풍의 붉은 기와를 얹었다. 건축주는 만족했다.

　뾰족 아치와 높은 첨탑으로 이뤄진 고딕 성당이 대세였던 당시 상황에서 돔과 반원형 아치가 도드라진 비잔틴 성당의 생소함은 여러 오해를 불러일으켰다. 이슬람 모스크가 아니냐는 것도 그중 하나였다. 성당 관계자는 "모스크 양식이 비잔틴의 영향을 받은 것이라, 외형에서 드러나는 유사성이 적지 않다. 멀리서 성당을 본 외국인 무슬림들이 모스크인 줄 알고 가끔 찾아오곤 한다."고 했다.

　성당은 건축사를 공부하는 이들에게도 좋은 본보기가

됐다. 비잔틴 양식의 표준 구성인 그리스식 십자가 평면과 펜던티브 돔(pendentive dome)의 구조 형태를 육안으로 확인할 수 있는 곳은 이곳이 유일했기 때문이다. 이런 특징은 내부를 들여다 보면 한층 확연해진다. 성당 안은 말 그대로 '아치의 향연'이다. 직경 10미터의 중앙 돔은 네 개의 대형 아치들로 지탱되는데, 이스탄불에 있는 성 소피아 성당의 축성 원리가 이와 같다. 다른 점은 벽돌을 주재료로 삼았던 비잔틴의 전통 성당과 달리 철근콘크리트를 사용했다는 것이다.

비신자도 성호 긋게 만드는 공간의 위력

내부에서 경험할 수 있는 것은 구조 역학의 기술적 합리성에 머무르지 않는다. 성당 안을 들어가본 사람이라면, 그가 기독교인이든 비기독교인이든 십중팔구 무릎을 꿇고 성호를 긋고 싶은 감정에 사로잡힌다. 돔 하단부와 벽체에 뚫린 아치창으로 스며든 은은한 광선은 그리스도와 성모, 성인들을 형상화한 프레스코 벽화들에 부딪쳐 전방위로 산란하는데, 빛과 색채가 빚어내는 대기의 무늬는 매혹과 두려움을 동시에 불러일으킨다. 이 양가적 감정 상태는 대체 어디서 연유하는가. 신앙을 결핍한 자의 메마른 지성으로는 공간이 갖는 강력한 힘의 효과라고 할밖엔 딱히 설명할 도리가 없다. 더없는 강력함으로 사람을 사로잡는 힘. 사람들은 그 힘에 이끌려 성호를 긋고 제단 앞에 부복했을 것이며, 그 행동을 통해 신에 대한 믿음을 다지고 이어왔을 것이다. 공간을 만든 것은 인간이지만,

인간을 특정한 주체(호모 렐리기우스)로 구성한 것은 인간이 만든 그 공간이었다.

성당 내부의 프레스코화는 아테네대학교의 소존 야누디스 교수팀이 맡았다. 그리스와 슬라브 성화 특유의 '초월적 평면성'이 잘 구현돼 있다. 프레스코화와 함께 성당 내부를 구성하는 중요한 상징물이 그리스도와 성모, 성인들의 모습을 담은 목판 채색화다. '이콘(icon)'이라 불리는 이 그림들은 카타콤에 남아 있던 조야한 이미지들에 로마 시대 초상화 기법이 가미돼 그 형식이 완성된 뒤 치열한 내부 논쟁을 거쳐 787년 니케아 공의회에서 전례물(典禮物)로 공인됐다. 성당에 들어서는 신자들은 입구 안쪽의 좌우편에 안치된 니콜라스 성인과 성모자(聖母子)의 이콘에 입을 맞춘 뒤 신자석으로 향한다.

관조의 매체, 이콘의 신학

이콘은 정교회 신앙을 이해하는 데에도 매우 중요하다. 초기 기독교회의 계승자를 자임하는 정교회는 완전무결하고 초월적 존재인 하느님을 논리적·이성적으로 인식하는 것은 불가능하다고 봤다. 이성적 사유의 매체인 인간의 말 자체가 유한하고 불완전하기 때문이다. 초월자에게 도달하기 위한 유일한 길은 회개와 명상을 통해 영성을 수련하고, 고요와 침묵 속에서 보이지 않는 존재를 직관하는 것이다. 이콘은 이때 보이지 않는 초월자와 그가 속한 세계를 가시적 형상을 통해 암시하고 상기시키는 관조의 매체가

왼쪽 위, 오른쪽 위 본당 입구의 성모자(聖母子) 이콘화와 성장(聖障)을 장식한 이콘화.

왼쪽 아래 아치창을 통해 들어오는 빛이 성당 내부에 성스러움의 무게를 더한다.

오른쪽 아래 돔 천장과 벽면에 그려진 프레스코화. 그리스의 전문 인력을 초빙해 그려 넣었다. 벽체에선 펜던티브 돔의 내부 구조가 잘 드러난다.

된다. 이콘의 이미지에서 드러나는 비현실감은 기법의 미숙함 탓이 아닌, 치밀하게 의도된 표현의 결과다.

고유의 '이콘 신학'이 말해주듯, 정교회는 개인의 의지와 수행이 중시되는 영성의 교회다. 한국에 전파된 지 100년이 넘도록 신도 수가 3000명 안팎에 머무르는 것도 이런 특징과 무관하지는 않아 보인다. 물질주의 기복신앙과 배타적 구원관, 도를 넘는 공격적 선교 행태로 물의를 빚는 한국의 개신교회 앞에 이 작은 교회가 전하는 메시지는 간결하다. "묵상하라. 겸손하라. 이웃을 존중하라."

덧붙임

그리스정교, 러시아정교, 동방정교 등으로 불리는 정교회는 예수의 사도들이 이끌던 초대교회의 계승자를 자임한다. 11세기 로마 가톨릭이 분리되는 과정을 겪으며 비잔틴(동로마) 제국과 슬라브 지역을 중심으로 교세를 확장했다. 한국에는 20세기 초 러시아가 한반도에 진출하면서 들어왔다. 한국에 거주하는 러시아인과 연해주로 이주했다 귀환한 조선인 신도들이 중심이었으나 러일전쟁에서 진 러시아가 철수하면서 공식적 교회 활동은 수면 아래로 가라앉았다. 한국인 신도들이 중심이 되어 신앙생활을 이어가다 한국전쟁에 참전한 그리스군의 도움으로 교회를 재건했다. 1968년 정동에 있던 교회를 지금의 아현동으로 옮겼고, 지금까지 서울, 인천, 부산 등에 일곱 개 교회와 두 개의 수도원을 세웠다. 열두 명의 사제와 3500여 명의 신자가 있다. 한국정교회는 이스탄불의 세계 총대주교에 의해 2004년 대교구로 승격됐다.

1 건축 읽기

군림하되 한곳만 바라보다

아직도 나는 지나가는 해군 찝차를 보면 경례! 붙이고 싶어진다

그런 날에는 페루를 향해 죽으러 가는 새들의 날개의 아픔을

나는 느낀다

—이성복, 「제대병」

군대가 남긴 것이 비단 제대병의 트라우마뿐이었을까. 반도의
현대사에 드리운 군부의 그늘은 짙고 깊었다. 군인 통치 30년은 한국
자본주의가 유례없는 고도성장을 구가한 시기였으나, 거리와 학교와
공장과 쉼터 도처엔 치욕과 불안, 의심과 강박이 복병처럼 도사린
납빛의 나날이었다. 금지와 검열, 감시와 처벌의 공포가 욕망과
상승의 신기루와 동거하던 칼날의 시간을 견디며 20대 여자 시인은
썼다.

그래서 볼 수 있습니다

꽃의 웃음이 한없이 무너지는 것을
밤의 달빛이 무섭게 식은땀 흘리는 것을
굴뚝과 벽, 사람의 그림자 속에도
몰래몰래 내리는 누우런 황폐의 비
―최승자, 「편지」

완벽에 가까웠던 박정희의 군부 장악력

현대 국가의 본질이 '폭력 수단의 독점'에 있음을 간파한 것은 독일
사회학자 막스 베버였다. 그러나 그 독점은 어디까지나 '정당한'
것이어야 했고, 그 정당성을 보증하는 것은 군과 경찰로 상징되는
합법적 폭력기구에 대한 공화주의적 통제였다. 정당성을 결핍한
폭력의 독점이 야만적 파국으로 치달을 수 있다는 사실은 20세기
세계사가 적나라하게 증언한 바대로다. 냉전이 한창이던 1961년 5월,
동아시아의 분단국가에 등장한 박정희 정권 역시 마찬가지였다.

　　박정희 일파의 권력 장악은 순수하게 자력으로 일군 성과가
아니었다. 집권 세력의 무능과 미국의 방임이 없었다면 반란은
성공할 수 없었다. 국가권력을 장악한 박정희는 잠재적 경쟁자들을
하나하나 제거했다. '반혁명 음모'라는 구실이 동원됐다. 이 과정은
휴전선 이북의 권력 장악 과정을 판박이처럼 닮아 있었다. 김일성의

1인 독재 구축기는 박정희 일파에게 권력의 공고화를 달성하기 위한 야전교범이나 마찬가지였다. 정치적 필요에 따라 최고지도자로 추대했던 육군참모총장 장도영, 5월 16일 새벽 한강 다리를 함께 건넌 해병1사단장 김동하, 혁명검찰부장으로 수많은 반혁명 혐의자들을 잡아들인 박창암 등이 된서리를 맞았다.

　　박정희는 합법적 폭력 수단을 운용하는 군 조직의 생리를 누구보다 잘 파악한 인물이었다. 권력의 안정을 위해선 군이 독자적 영향력을 행사하는 상황을 어떻게든 차단해야 했다. 처우를 개선하고 진급 체계를 정비해 장교 집단의 불만을 상당 부분 해소함으로써 통수권자에 대한 충성도를 제고하는 한편, 방첩대 같은 보안기구를 강화해 군부를 직접 감시, 통제했다. 통치가 위기를 맞을 때마다 군을 동원할 수 있었던 박정희의 저력은 완벽에 가까웠던 군부 장악력에서 나왔다. 자신을 향해 쿠데타를 감행할 수 있는 군인은 박정희가 유일했다. 1972년 10월 유신은 박정희가 스스로에게 행한 쿠데타였다.

　　서울 용산에 있는 국방부 구관은 1970년 완공됐다. 대지 조성 공사가 시작된 것은 1966년 4월. 박정희의 통치 기간 사실상 유일했던 군사반란 사건에 대해 사법 처리가 마무리된 직후였다. 1965년 5월 적발된 이른바 '원충연 반혁명 사건'이다. 5·16 직후 국가재건최고회의 대변인으로 활약하기도 했던 원충연(당시 대령)은 권력에서 소외된 육사 5~8기 비주류와 이북 출신 30~40대 영관 장교들을 중심으로 박정희의 미국 순방 기간을 틈타 정권을 전복할

　　　　　　　　　　　　　　　　　　　　　　용산 국방부 구관

실제 청사는 지하 1층, 지상 10층으로 지어졌으며, 준공 당시 언론은 이를 "매머드"급 신축청사라고 평했다. 경향신문(1967년 6월 23일자).

삼각지에 세워질 새 국방부청사 조감도

계획을 세웠지만 내부자 밀고로 실패했다. 적발 당시 이들은 병력 동원과 유엔군사령부와의 접촉 방안까지 마련한 상태였다. 이 사건을 계기로 군부 내 박정희 비토 세력은 완전히 뿌리 뽑히게 된다.

중앙청 규모와 맞먹었던 초호화 건물

군 장악이 완성된 직후 들어섰다는 점에서 국방부 청사는 통치자 박정희의 무력 기반을 상징하는 건물이기도 했다. 규모와 시설 수준부터 남달랐다. 완공 직후인 1970년 11월 26일 국회 예산결산위원회에서 "새 국방부 청사가 미국 펜타곤을 뺨칠 정도로

신축 중인 국방부 청사.

호화 청사"(최치환 공화당 의원)라는 지적이 나왔을 정도다. 건평
8300평은 당시 중앙청(건평 1만 평) 규모와 맞먹었고, 13억 원이
투입된 공사비는 비슷한 시기 완공된 세종로 정부종합청사(21억
원)보다 적지만 단일 청사로는 최고액이었다. 시공사인 대림산업
사사(社史)는 이렇게 기록한다. "고속 엘리베이터, 자가발전 설비,
냉난방 및 환기 시설, 전자동 제어장치, 화재 경보장치 등 최신
설비를 갖춤으로써 최고급 빌딩이라는 평판을 들었다. 특히
당시로서는 보기 드문 무량판공법에 의해 시공된 복도를 고급
대리석으로 마감하여 건물 내부의 중후함과 세련미를 갖춘 것으로
평가를 받았다."(대림산업(주), 『대림 60년사』, 1999)

　　설계는 당시 국내 최대 설계사무소인 종합건축연구소가
맡았다. 1955년 서울 대방동 공군본부를 설계한 바 있는 종합건축은

입방체 건물에 수평띠 형태로
창을 둘러 건물이 한 층 한 층
쌓아 올려졌다는 느낌을 준다.
최상층의 벽면을 다른 층보다
높게 처리해 안정감과 중량감을
강조했다.

이즈음 세종로 종합청사 설계도 함께 진행했는데, 국방부 청사
실무를 총괄한 것은 당시 20대 후반의 건축가 이호진이었다.
연세대학교 건축학과 김정수 교수 밑에서 공부한 그는 대학원생
신분이던 1966년, 국방부가 발주한 청사 기본설계 현상공모에
당선돼 화제를 뿌렸다. 이호진은 "당시로선 최대 규모 현상설계여서
쟁쟁한 건축가들이 대거 참여했는데, 예상을 깨고 대학원생인 내
작품이 덜컥 당선되니 여기저기서 말이 많았다. 실시설계를 위해
과거 몸담았던 종합건축에 다시 들어가 기획팀장으로 일하게
됐다."고 회고했다.

　　건축주가 요구한 것은 사무 빌딩의 기능적 편의성과

군사시설로서의 보안성, 민원 업무 처리의 용이성이었다. 경사지라는 지형 특성을 활용해 민원 시설은 아래쪽 이태원로변으로 내리고 보안이 필요한 본건물은 대로변과 이격된 언덕으로 올려 엄격한 출입 관리가 가능했다. 그러나 건축주의 주문은 기능적 차원에 국한되지 않았다. 이호진은 "시절이 시절인 만큼 국민을 호령하는 군부의 권위를 외형으로 표현해야 했다. 견고하고 웅장한 인상을 주는 좌우대칭의 박스형 건물을 고지대에 앉힌 것도 이런 이유 때문이다."라고 했다. 장방형 입방체의 사면에 수평띠 형태로 창을 두르고 최상층의 벽면을 다른 층보다 높게 처리한 것 역시 안정감과 중량감을 강조하기 위한 고려였다.

　　흥미로운 사실은, 건물 중앙에서 정면으로 가상의 선을 그으면 서울의 중심가인 세종로를 지나 대통령의 거처인 청와대와 만난다는 점이다. 국민 위에 군림하면서도 그 시선은 오로지 최고 권력자에게 고정하겠다는 완강한 의지처럼 읽힌다. 통수권자를 향한 일편단심일까, 언제든 권력의 중핵으로 육박해 들어가겠다는 합법적 무력 집단의 숨길 수 없는 욕망일까.

군인 천하 병영사회의 아이러니

건물이 탄생한 박정희 시대는 사회 전체가 거대한 병영이었다. 군부는 무력만 쥐고 있는 게 아니었다. 청와대뿐 아니라 행정과 입법, 사회의 각 부문까지 군 출신이 장악했다. 군인 천하가 된 것은 단지 통치자의 출신 배경이 군이어서가 아니었다. 전쟁과 분단이라는 역사적 배경과 냉전이란 지정학적 요인 역시 결정적이었는데, 군사반란이 터진 1960년대 초 한국의 군부는 이미 최대 사회 세력으로 성장해 있었다.

정부 수립 당시 5만 명 수준이던 병력 규모는 전쟁 직후인 1954년 72만 명까지 늘어난 뒤 1959년 이후 60만 명 수준을 유지했다. 예산 역시 군부에 집중돼 있었다. 당시 군이 운용하는 예산은 국가 예산의 50.7퍼센트를 차지했고, 미국으로부터 연평균 2억 3000만 달러의 군사원조금이 들어왔다. 이런 연유로 군은 집권당의 가장 확실한 정치자금 확보 통로로 활용됐는데, 이 과정에서 권력 핵심부와 연계된 군부 실력자들은 정치화 경향을 노골적으로 드러냈다.

문제는 군의 이 같은 '과잉 성장'과 수뇌부의 '정치화'가 정권에서 소외된 비주류 장교 집단의 야심가들을 자극해 무력을 동원한 정권 찬탈을 꿈꾸게 했다는 점이다. 1952년 부산 정치 파동 이후 꾸준히 군사반란을 도모하던 박정희는 결국 1961년 5월 이를 실행에 옮긴다. 권력을 장악한 박정희는 위기가 닥칠 때마다 계엄령과 위수령을 발동해 군을 정치사회의 한복판으로 끌어들였다. 1964년 한일 협정 파동 국면과 1971년 대학가의 교련 반대 시위에 군이 투입됐고, 1972년 친위 쿠데타(유신) 이후에는 비상군법회의를 설치해 사법부마저 무력화했다. 군인들의 정부, 정치권 진출도 활발하게 이뤄져 제3공화국 기간 중 군 출신의 국회의원과 각료의

충원율은 각각 16퍼센트와 29.2퍼센트에 달했다.

　　물론 근대화 과정에서 군이 담당한 기능에는 긍정적 요소도 있었다. 미국의 대규모 원조 덕에 1950년대의 군은 가장 첨단화된 기술과 장비를 보유한 집단이었다. 대규모 군사 유학을 통해 미국의 정교한 행정관리 기법을 전수받은 것도 군이었다. 따라서 군부정권의 수립은 군이 갖고 있던 장비와 기술, 근대적 조직관리 기법을 사회 부문으로 이전함으로써 산업화의 초기 국면에 무시 못 할 성장 동력을 제공한 것도 사실이었다.

1990년대 국방부 앞은 대학생과 사회운동 단체들의 기습 시위가 자주 벌어졌다. 청사 주변을 순찰 중인 전투경찰들이 정문 앞 위병소를 지나가고 있다.

용산 국방부 구관

군이 국가와 사회의 전 부문을 압도하던 시기, 군부 집단의
위세를 상징하는 건물이지만 이곳에도 말 못 할 비애가 있었다.
무엇보다 국방부는 군의 실질적 통제기관이었던 적이 단 한 번도
없었다. 그것은 통치자 박정희의 용병술 때문이기도 했다. 명목상
국방부 장관은 통수권자인 대통령을 보좌해 군령(지휘권)과
군정(인사·행정권)을 통괄하는 권한을 갖고 있었지만, 박정희는
국방부를 제쳐둔 채 군 수뇌부를 직접 관리, 통제했다. 박정희가
선호한 것은 권력 분산을 통한 분할 지배였다. 육군참모총장을
정점으로 한 지휘 라인과 보안사령관이 관할하는 정보통제기구로
계통을 이원화함으로써 실질적 2인자의 출현을 봉쇄하고 상호
견제와 충성 경쟁을 유발했던 것이다.

죽지 않고 회귀하는 과거의 유산
국방부의 수모는 1979년 박정희의 친위 장교 집단인 전두환의
하나회가 주도한 12·12 반란 때 극에 달했다. 당시 국방장관인
노재현은 신군부의 계엄사령관 연행 소식을 듣고 미8군 영내로
대피하는 등 상황 수습을 못한 채 갈팡질팡했다. 이후 집무실로
복귀한 그는 국방부를 장악하려고 진입한 공수부대 병력과 청사
경비부대의 총격전에 놀라 지하 벙커로 피신했다가 반란군에
붙들려 보안사로 연행된 뒤 군사반란을 승인하고 만다. 이날
총격전으로 청사에서는 세 명이 죽고 20여 명이 다쳤다.

전쟁기념관 쪽에서 바라본 국방부 청사. 2003년 신관이 완공되면서 장관실을 포함한 주요 시설 대부분이 옮겨갔다.

군에 대한 민의 통제가 자리 잡기 시작한 것은 1987년 민주화를 거쳐 1993년 김영삼 정부가 출범한 이후였다. 이로써 한국의 군부는 정치적 상수 집단의 지위를 상실했다. 그러나 군 전체의 위상 조정은 군에 대한 국방부(정부)의 장악력을 상대적으로 높여놓은 것도 사실이었다. 군에 대한 관리와 통제가 정상성을 회복하게 되자 늘어난 행정·지휘 기능을 수용할 새 청사 건립의 필요성이 제기됐다. 결국 2003년 국방부 경내에 새 청사를 마련해 장관실을 포함한 대부분의 주요 부서들이 옮겨갔다. 신청사가 개관한 뒤 한동안 국방부 별관으로 사용되던 이곳은 현재

용산 국방부 구관

리모델링 공사를 위해 건물 전체를 비워둔 상태다. 공사가 끝나면 국방홍보원과 전산원 등이 입주할 계획이라고 한다.

군인들은 병영으로 돌아갔지만, 박정희 통치 18년이 남긴 병영사회의 유산은 그가 죽고 37년의 세월이 지난 지금까지도 질긴 생명력을 유지하고 있다. 이익집단을 형성한 퇴역 군인들은 어느 순간 '아스팔트 우익'의 주력으로 성장했고, 기억에서 사라진 예비역 정치장교들이 떼 지어 목청 높이는 일도 빈번해졌다. 전두환 사조직의 맹원이었던 인물이 입법부 수장에 오르는가 하면, 군 출신 강경파가 정보기관장과 안보 라인 핵심을 장악하는 상황까지 치달았다. '재군사화의 초기 징후'라는 진단이 나오는 것도 근거 없는 기우는 아닌 듯하다. 그러나 믿는 것은 역사가 그렇듯 쉽게 역진할 리 없다는 경험칙이다. '늙은 제복들'에게 절실한 건 말년의 자존감을 지탱해줄 세간의 인정과 경제력이지, 사반세기 전 잃어버린 정치권력은 아니잖은가.

과장된 위엄이 비치는 무능의 석실묘

1990년 3월의 어느 토요일 밤이었다. 대학생이 된 뒤 처음으로 만난 우리는 여의도 KBS 방송국에서 가수 이지연이 나온 가요 프로그램 리허설을 구경한 뒤 누군가의 제안으로 가까운 국회의사당으로 걸음을 옮겼다. 깜깜했다. 우리는 불 꺼진 국회의사당 담벼락에 나란히 서 오줌을 누며 소리 질렀다. "이 개XX들, 다 나와!" 누군가는 당시 제1야당 원내총무였던 고향의 국회의원 이름을 불렀던 것 같기도 하다. 반응은 당연히 없었다. 돌이켜보면 3월이라 임시회도 없고, 주말까지 겹쳐 의원들 대부분은 지역구 관리를 위해 의원회관 사무실을 비웠을 시기였다. '3당 합당' 직후여서 정치에 대한 환멸이 극에 달한 때이기도 했다. 정치부 기자로 수년째 국회를 출입하는 내게 국회의사당의 첫 기억은 이렇듯 썩 아름답지만은 않다.

국회의사당이 가르는 동과 서

완공 당시 '우리 기술과 재료로 만든 동양 최대의 석조 건축물'로
칭송받던 국회의사당은 조롱과 멸시의 대상이 된 지 오래다.
직장인들의 술자리는 물론 10~20대가 주도하는 온라인 가상
세계에서조차 '국개의원'이 출몰하는 '개집' 취급받는 일이
다반사다. 정치와 정치인에 대한 '돌려 씹기'가 '국민 스포츠'가 된
지 오래라지만, 이곳은 그래도 가난하고 힘없고 배움이 많지 않은
이들에겐 필수불가결한 공간이다. 2014년 4월, 생떼 같은 자식들을
차가운 봄 바다에 수장한 안산 단원고등학교 학부모들이 가장 먼저
찾은 곳도 이곳 국회의사당이었다. 진실 규명을 위한 법률안 하나를
건지려고, 야외 주랑의 돌바닥에 자리를 깔고 3개월이 넘는 시간을
그들은 꼬박 견뎠다.

국회의사당은 오랫동안 여의도의 랜드마크였다. 여의도는
편의상 동·서여의도로 구분되는데 섬을 종단하는 중앙 공원이
기준이다. 공원은 애초 군사 퍼레이드와 군중집회 용도의 아스팔트
광장이었다. 군인 통치자들이 군사반란의 성공을 기념하려 붙인
'5·16광장'이란 이름을 갖고 있었다.

동여의도는 대기업과 금융기관, 상업 및 주거 시설이 뒤섞여
있다. 서여의도는 관공서와 국책 기관이 많다. 국회의사당이 있는
곳은 배로 치면 '선수' 부분에 해당하는 서여의도의 북쪽 끝이다.
흔치 않은 돔을 얹고 탁 트인 강변 평지에 솟아 있어 주변 어디서든
쉽게 눈에 띈다.

1 건축 읽기

의사당 정문에서 동여의도의 여의교오거리에 이르는 광폭의
대로를 일러 '의사당로'라 한다. 옛 왕조시대의 '주작대로' 정도에
해당한다. 흥미로운 사실은 서여의도 의사당로는 노변의 건물 높이가
일정한데, 동여의도 쪽은 높이가 제각각이란 점이다. 서여의도에만
적용되는 고도제한 때문이다. 주변 건물의 높이를 의사당
처마 아래로 묶어버린 권위주의적 행정 지침 덕에 서여의도의
스카이라인은 동여의도에 견줘 한결 정돈되고 차분한 느낌을 준다.

과시적 육체 아래 잠든 정신과 기능

국회의사당이 여의도에 자리 잡은 것은 박정희의 철권통치가
한창이던 1975년이다. 대통령이 멋대로 의회를 해산하고, 말 안
듣는 국회의원들은 정보부에 데려가 초주검을 만들던 시절이다.
그런 박정희도 의사당 건물만은 여느 중앙부처 청사보다 돈과 공을
많이 들여 지어주었는데, 135억 원이란 공사비는 당시 한 해 예산의
10분의 1과 맞먹는 규모였다. 자신이 망가뜨린 입법부의 권위를
거대 석조 건축물의 위엄으로 보상해주겠다는 얄팍한 심사였는지도
모른다.

1966년 2월 박정희의 지시로 국회의사당 건립위원회가
구성됐을 때, 의사당 후보지는 서울 사직공원과 종묘, 신문로 서울고
부지, 필동의 수도방위사령부 등 열 곳이 넘었다. 하지만 인구가 이미
포화 상태에 이른 강북의 도심 지역에 의사당 같은 초대형 건축물을

신축 중인 국회의사당. 너른 강변 평지에 자리했다.

짓는 것은 무모한 일이었다. 1968년 4월 건립위원회는 여의도 양말산 일대 10만여 평을 건립 적합지로 선정한다. 섬 전체 면적의 8분의 1 규모다. 부지가 지나치다 싶을 만큼 넓게 잡힌 데는 남북통일에 대비한다는 명분도 있었다. 의사당 본관뿐 아니라 의원회관, 도서관 등 부속 건물들을 장차 늘어날 수요에 맞춰 단계별로 붙여 지을 수 있게 부지 면적에 여유를 둔 것이다.

　　3선 개헌의 먹구름이 짙어가던 1969년 제헌절, 역대 국회의장과 3부 요인 등이 참석한 가운데 기공식이 열렸다. 그러나 이날로부터 의사당 완공에 이르는 6년여 세월은 한국 의회민주주의의 암흑기였다. 착공 3개월 만인 1969년 10월, 박정희는 개헌을 강행해 '종신 대통령'을 향한 첫걸음을 뗀다. 1971년 대통령선거에서 40대 야당후보 김대중에게 가까스로 승리한 박정희는 의사당 골조 공사가 마무리된 1972년 10월, 유신을 단행한다. 국회는 해산됐고 유신헌법에 의해 박정희는 입법·행정·사법의 3부를 통할하는 '절대 권력'을 거머쥐었다. 대통령 선출 방식도 통일주체국민회의를 통한 간선제로 바뀌어 박정희의 종신 집권이 보장됐고, 대통령에겐 국회 해산권과 의원 3분의 1에 대한 추천권까지 부여됐다.

건물이 올라갈수록 권위는 추락한다

의회의 지위와 권능이 무력화되는 상황에서도 의사당 공사는 계속됐다. 국회 운영위원들의 요구로 기본설계에 없었던 돔 지붕이 추가됐다. 당시 상황에 대한 설계자 이광노의 회고는 이렇다. "기본설계가 완성된 상태에서 외국 시찰을 다녀온 운영위원들이 돔 구조물을 덧대라고 주문했다. 왜 외국 의사당들은 돔이 있는데 우리 설계에는 없느냐는 것이었다. 나와 김정수, 김중업, 안영배로 구성된 설계위원단은 그렇게 하려면 설계를 다시 해야 한다며 완곡히 거부했다. 그러자 운영위원들은 시간이 없으면 그냥 기본설계안에 돔만 붙이라고 했고, 결국 돔을 얹은 설계안을 내놓게 됐다."(이광노 구술채록, 「제3차 주요 현상설계와 마스터플랜 그리고 건축가들」, 한국예술디지털아카이브, 2004(www.daarts.or.kr/handle/11080/16606))

　　설계팀은 돔의 곡률을 결정하는 문제로 부심했다. 높이에 따른 하중을 줄이려 곡률을 낮추면 이슬람 모스크처럼 보이는 단점이 있었다. 최종안은 아랫지름 64미터, 높이 30미터의 반구형 돔으로 낙착됐다. 관건은 무게였다. 설계팀은 1000톤에 달하는 무게를 완벽히 분산하기 위해 일본 제철회사의 기술 자문을 받아가며 구조설계를 진행했다.

　　이렇게 만들어진 돔은 1990년대 후반 철거 시비에 휘말린다. 언론과 전문가들 사이에서 돔 때문에 의사당 전체 모양이 '망(亡)'자처럼 보인다, 상여를 연상시킨다는 지적이 나오면서 "이참에 한국적 전통과는 거리가 먼 돔 대신 기와지붕으로 교체하자."는 주장이 국회 안팎에서 힘을 얻기 시작한 것이다. 국회 사무처는 1998년 1억 3000만 원의 설계 예산까지 책정한다. 하지만

건립위원회 회의 장면과 철골
공사 중인 돔 지붕의 모습.

당시 건축계는 국회의사당의
설계 변경에 대해 애초
"평지붕으로 설계됐던
국회의사당 신축설계가
8각형 돔을 올려붙이는
방향으로 억지 변경"되었다며
강력 비판했다. '돔 선호'는
"현대건축문화를 모르는 얄은
취향에 의한 것"이며, 돔은
"식민지 정책의 상징"이자
"조선총독부의 악령"을
상기시키는 "2세기전 낡은
양식"이라는 것이 여러
건축가들의 평가였다.
경향신문(1969년 5월 28일자).

도열해 있는 석주들.

돔 천장의 내부 모습.

국회의사당 전면. 열주 구조에 억지스런 돔을 얹어 권위나 숭고미를 과장했다.

경제도 어려운데 멀쩡한 지붕을 왜 교체하느냐는 비판이 일었고, 리모델링안은 백지화된다.

1973년 말 많았던 돔이 올라가고, 1974년 열주 화강석 부착 공사가 시작된다. 지붕을 떠받친 스물네 개의 열주는 당시 한국 전통 건축의 최고작으로 평가받던 경회루의 석주 수와 일치시킨 것으로 24절기를 나타냈다. 여기에 의사당 전면의 기둥 수 여덟 개는 '8도 강산'을 상징했는데, 전국 각지(8도) 여론을 사시사철(24절기) 둥근 돔 지붕처럼 원만하게 수렴하라는 의미를 담았다.

새 의사당이 제 모습을 갖춰가는 동안 정작 입법부는 치유 불능의 가사 상태에 빠져들고 있었다. 불법체포와 납치, 고문이 횡행했고, 1974~1975년엔 정치권과 시민사회의 반유신 움직임을 봉쇄하기 위한 긴급조치 1~9호가 잇따라 발동됐다. 얼어붙은 현실에 절망한 남도의 한 교사 시인이 절규 섞인 탄식을 쏟아낸 것도 이 즈음이었다. "삼천리는 여전히 살기 좋은가/ 삼천리는 여전히 비단 같은가".(양성우, 「겨울공화국」)

마침내 1975년 9월 1일 의사당이 완공됐다. 박정희와 3부 요인, 주한 외교사절 등 국내외 인사 500여 명이 참석한 준공식은 의회민주주의의 장례식이라 부르는 게 합당해 보였다. 웅장한 자태를 드러낸 '동양 최대 의사당' 앞에서 사람들은 의회민주주의의 시신이 안치된 '거대 석실묘'를 떠올렸다. 의사당 입구에 세워진 두 기의 청동 군상(광화문 이순신상을 만든 조각가 김세중의 작품으로 애초 「유신상」이란 이름으로 제작됐다가 「애국애족의 군상」으로 개칭)은 봉인된

석실을 지키는 좌우 무인상을 연상시키기에 충분했다. 열주 구조에 억지스런 돔까지 얹어 권위와 숭고미를 과장한 의사당은 사실상 의회민주주의를 파괴한 통치 권력의 압도성을 과시하기 위한 정치적 기념비였다.

민주화 이후의 난치성 정치 불능

의회의 기능과 권위가 살아나기까지는 그로부터 13년의 긴 세월을 기다려야 했다. 박정희가 심복의 총을 맞아 죽고, 그의 추종자 전두환이 주권자 시민을 학살하는 상황에서도 의회는 눈과 귀를 닫아걸고 숨을 죽였다. 의회에 기대할 것이 없었던 시민들은 거리로 뛰쳐나왔다. 급진적 열망에 들뜬 시민들 일부는 주권자 스스로가 통치하는 직접민주주의를 꿈꿨다. 하지만 혁명이라는 총체적 사회 변화가 아니고선 의회를 경유하지 않는 우회로란 애초부터 없었다. 군부가 2선으로 물러났어도 항쟁의 열매는 결국 의회 세력에게 돌아갔다. 1988년 열린 여소야대 국회가 그 결실이었다.

표면상 의회는 정상성을 회복한 것처럼 보였지만, 의회가 흡수하지 못한 시민들의 열정과 에너지는 주기적으로 분출됐다. 1991년 5월의 분신정국, 1997년 노동법 투쟁, 2002년 소파(SOFA)개정 촛불집회, 2008년 미국산 쇠고기 수입 반대 촛불시위가 대표적이다. 정치학자 박상훈은 거리 정치의 주기적 반복이 "민주화가 사회운동에 의해 이뤄졌지만, 그 운동의 에너지가

1987년 '민주화 이후 체제'를 만드는 과정에서 배제되었다는 점에서 기인했다."(『정치의 발견』, 후마니타스, 2015)고 본다. 진보(급진) 세력이 배제된 보수 독점적 정당체제가 고착되면서 의회와 사회적 요구 사이에 괴리가 발생했고, 이런 상태가 지속되는 한 운동을 통해 정당과 의회 중심의 대의 시스템을 우회하려는 시민적 열망은 소멸되기 힘들다는 것이다.

중요한 사실은 의회에 대한 비판과 공격이 운동 세력으로부터만 나오는 게 아니라는 점이다. 2000년대 들어선 관료와 재벌 집단의 공격이 두드러진다. 관료들은 정치를 무능과 낭비, 부패의 온상으로 지목하고 '정치인들 때문에 일 못 한다.'며 의회의 요구에 노골적으로 반기를 든다. 50여 년 전 박정희를 위시한 쿠데타 세력이 '정치인에게 나라 맡겼더니 사회 혼란만 가중됐다.'고 자신들의 반란을 정당화했던 것과 같은 논리다. 재벌들은 또 어떤가. 정치를 낭비와 비효율의 원천으로 몰아붙이며 '정치도 기업에 맡기면 더 잘할 수 있다.'는 능멸을 서슴지 않는다. "한국에서 기업이 2류, 행정이 3류라면, 정치는 4류"라고 야유했던 삼성 회장 이건희의 경우가 그렇다.

그 사이 여의도 경관에도 괄목할 만한 변화가 있었다. 국회 로텐더홀을 내려와 본관 현관문을 나서면 의사당로 좌우에 자리한 고층 건물 두 동이 시선을 사로잡는다. 콘래드 호텔(2012)과 전경련 회관(2013)이다. 높이가 각각 284미터, 246미터로 국회의사당(70미터)의 4배 안팎이다. 두 건물 모두 동여의도에 위치해

국회의사당 주 출입구에서 바라본 풍경. 시장과 기업의 힘을 상징하는 빌딩들이 여의도의 경관을 차지했다. 왼쪽의 고층 건물이 콘래드 호텔, 오른쪽은 전경련 회관이다.

국회가 있는 서여의도의 고도제한 규정을 받지 않은 덕분이다. 정치를 압도하는 기업 권력의 위세를 드러내는 이 풍경은, 오늘날 의회와 시장의 관계를 드러내는 정치적 알레고리로 읽힌다.

정치 혐오에 기생하는 것들

대의의 주체인 시민들에게조차 정치에 대한 혐오와 조롱은 일종의 유머 코드이자 패션 아이템이 되어버렸다. 정치와 정치인을 향해 밑도 끝도 없는 혐오를 드러내는 '도전개진' 류의 개그 코드가 방청객의 환호를 얻는 현실에선 '반정치주의의 상업화' 징후마저 감지된다. 반정치주의는 "정치를 경멸하고 조롱함으로써, 시민들이 정치에 기대를 걸지 못하게 하거나 정치의 가능성에 대한 냉소주의를 강화시키는 태도나 경향"(위의 책)을 가리킨다.

문제는 시민이 정치에 대한 기대와 관심을 접을 때 이로부터 이익을 얻는 세력이 반드시 존재한다는 점이다. 권력자, 재벌, 관료 집단이다. 시민들은 그사이 자신들의 삶을 규정하는 공적 의제의 논의 테이블에서 속절없이 밀려난다. 해나 아렌트(Hannah Arendt)의 표현을 빌면 "사생활의 영역에만 머물 뿐 공적 사안과 관련해선 아무런 자격 없는 인간"으로 전락하는 셈이다. 이 존재들을 아렌트는 "정치조직의 상실로 인해 인류로부터 추방된" 존재, '난민'이라고 불렀다.(박미애·이진우 역, 『전체주의의 기원』, 한길사, 2006)

순치된 스펙터클을 욕망하다

'소라의 성'은 제주 남쪽의 해안 절벽 위에 '달팽이 껍데기'처럼
도사린 2층집이다. 애초 무슨 용도로 지어졌는지에 대해선 이설이
경합한다. 대통령 박정희의 경호원 숙소로 지어졌다는 설이 그
하나다. 실제 1969년에 건축된 이 건물은 지금의 파라다이스호텔
자리에 있던 박정희 별장지와 지척이다. 그 시절 제주에서 이만큼
공들여 건물을 지었다면 뭔가 비범한 쓰임새가 있지 않았겠느냐는
추론도 경호원 숙소설에 무게를 더한 듯하다. 박정희는 제주를
가장 빈번하게 방문한 통치자였다. 그가 제주를 처음 찾은 것은
군사반란이 성공하고 3개월이 채 안 된 1961년 9월 12일. 그로부터
소라의 성이 완공된 1969년까지 그가 섬을 방문한 횟수는 열 차례에
달했다. (현학순, 「박 대통령과 제주도」, 《제주도》 제40호(1969년 9월))

김중업이 사랑한 제주

하지만 경호원 숙소설은 확인되지 않은 풍문에 가깝다. 현지에서
발급받은 건축물대장에는 주 용도가 '관광전망대'로 나온다.
대장에는 두 차례의 소유권 변동 사실이 적혀 있다. 1991년
2월 서귀포 주민 김 모 씨로 소유권이 넘어간 뒤 2008년 1월
제주특별자치도로 귀속됐다.(최초 소유자는 대장에서 확인되지 않는다.) 시
관계자는 "처음부터 음식과 음료를 파는 전망대로 세워졌을 것이다.
경호원 숙소였다면 굳이 접근성이 좋지 않은 절벽 위에 지었을 리
있겠느냐."고 반문했다.

건축가 박정희와 불화했던 김중업이란 사실 역시 경호원
숙소설을 배척한다. 김중업은 5·16 직후 육사 생도들의 쿠데타 지지
데모를 비판한 일로 곤욕을 치렀고, 유신 직전인 1971년엔 신문
기고문에서 판자촌 빈민들의 광주대단지(지금의 경기도 성남) 이주
정책을 공개 비판했다가 주민 폭동 직후 정보 당국에 끌려가 고초를
겪고 강제 외유를 떠나야 했다.

김중업의 제주 사랑은 남달랐다. 그는 1962년 6월 한국
대표단의 일원으로 참석한 제1차 세계공원대회에서 제주를 한국의
대표적 자연경관으로 소개했다. 당시 이를 보도한 기사는 "열대,
아열대, 온대, 한대 등 4지대의 기후를 겸하고 있는 제주도는 세계
어느 지방에서도 볼 수 없는 식물들이 자라고 있다."는 김중업의
발언과 함께 그가 "제주 지방의 특수지층으로 이루어진 폭포며
지하수의 분출 등도 낱낱이 설명했다."고 전한다.(「절찬받은 제주도의

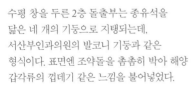

수평 창을 두른 2층 돌출부는 종유석을
닮은 네 개의 기둥으로 지탱되는데,
서산부인과의원의 발코니 기둥과 같은
형식이다. 표면엔 조약돌을 촘촘히 박아 해양
갑각류의 껍데기 같은 느낌을 불어넣었다.

김중업은 이 건물을 짓기 전 제주에 이미 몇 개의 주목할 만한 작품을 남겼다. 그중 하나가 주한 프랑스대사관(1962), 서산부인과의원과 함께 김중업의 대표작으로 꼽히는 제주대 본관이다. 곡선과 원의 미학으로 빚어낸 이 콘크리트 조형물은 프랑스 비평가 미셸 라공(Michel Ragon)으로부터 "21세기를 연출했다."는 찬사를 받을 만큼 미래의 건축 경향을 선취했으나 부실시공과 관리 소홀, 해풍으로 인한 구조체의 부식과 파괴를 견디지 못하고 1996년 철거됐다. 김중업은 이 밖에도 제주대 수산학부와 농학부, 서귀중앙여중, 서귀포 골프장 클럽하우스 등을 제주에 남겼는데, 현존하는 것은 이곳 소라의 성과 서귀중앙여중으로 사용 중인 제주대 수산학부 정도다.

김중업 건축의 황금기에 지어진 건물답게 소라의 성에는 1960년대 후반 그가 구사했던 특유의 문법과 어휘들이 곳곳에 남아 있다. 건물 서쪽에 벽돌로 쌓아 붙인 원통 기둥은 김중업이 건축가의 전범으로 삼았던 르코르뷔지에의 롱샹 성당(Chapelle Notre Dame du Haut de Ronchamp) 수직탑을 떠올리게 하지만, 전반적 형태는 제주의 전통 돌탑(방사탑)에 가깝다. 직선이 아닌 원호와 곡면을 주로 사용한 평면 구성은 비슷한 시기에 지어진 서울 신당동 서산부인과의원과도 유사한데, 왜소한 사각 창을 불규칙하게 배열한 서산부인과의원과 달리 바다와 면한 2층 외벽을 시원스러운 수평 창으로 처리한 것이 눈길을 끈다. 수평 창을 두른 2층의 돌출 부위는 종유석을 닮은 네 개의 기둥으로 지탱된다. 서산부인과의원의 발코니 기둥과 같은 형식인데, 표면에 조약돌을 촘촘히 박아 넣어 오돌토돌한 해양 갑각류의 껍데기 부위를 연상시킨다. 외벽은 '제주석'이라 불리는 거친 현무암을 다듬어 쌓아 제주의 지역성을 구현했다.

포획된 풍경, 상상된 자연

내부 공간 역시 바닥을 제외하고 직면을 좀체 찾아볼 수 없다. 원형이 훼손됐다고는 하나, 원의 형태로 구획된 작은 방과 음표 꼬리처럼 물결치는 격벽들은 "집은 노래 불러야 한다."는 김중업의 건축 철학을 고스란히 보여준다. 투박한 제주석으로 쌓은 계단실 역시 완만한 나선을 그리며 2층을 거쳐 옥상으로 이어지는데, 밝고 트인 외부 공간에서 좁고 어두운 내부로 진입할 때면 마치 단단한 소라고둥 속으로 들어가는 듯한 느낌을 갖게 된다.

김중업은 언젠가 일본의 한 건축 잡지와 인터뷰하면서 1970년대 말 자신이 설계한 서울 한남동 주택을 "달팽이집"이라 소개한 적 있다. 그에게 달팽이 껍데기는 내부의 연체를 보호하는 작은 집의 다른 표현이었다. 부산 피란 시절 김중업은 친구인 시인 조병화를 위해 집을 설계한 뒤 '패각의 집'이란 이름을 붙이기도 했는데, 이때의 패각이란 작고 따뜻하면서도 견고한 인간적 규모의 거처를 의미했다.

소라의 성이 지닌 독특함은 2층의 수평 창을 통해 패각의

나선형의 구조가 반복, 변주되며 건물 전체가 물결치는 느낌을 준다.

닫힌 이미지를 교묘하게 전복시킨다는 점이다. 현대건축에서
수평 창은 경관에 대한 인간의 소유욕을 극단적으로 충족시키는
장치다. 창을 통해 이뤄지는 자연경관의 포획은 외부를 부단히
내부화·식민화하려는 근대적 욕망과 맞닿아 있는데, 이 점은
무엇보다 수평 창 자체가 근대의 산물이란 사실과 결부된다. 그것은
건축물의 외벽이 수직하중을 지지하는 노역에서 해방됨으로써
비로소 등장했다. 기둥과 보만으로 구조물을 지탱하는 철근콘크리트
공법이 보편화된 덕이었다.

소라의 성에서는 두 가지의 바다 풍경을 마주할 수 있다. 탁 트인 옥상에서 보는 대해, 또는 2층 수평 창으로 프레임화된 바다.

　　소라의 성 2층의 창문 앞에 서면 남방해역의 망망대해가 한눈에 들어온다. 창이란 프레임을 통해 외부는 '내부에 포획된 외부'로 재탄생한다. 이때 외부는 위험하고 길들여지지 않은 거친 그대로의 자연이 아닌, 프레임에 갇힌 '순치된 스펙터클'이 된다. 이런 점에서 이 건물에 투사된 당대의 무의식은 이윤의 새로운 원천을 찾아 부단히 외부로 시선을 돌리는 자본의 욕망, 힘의 공백 지대를 향해 팽창을 거듭하는 권력의 정념과도 유사하다.

　　건물이 지어질 당시의 제주는 근대에 상상된 전형적인 섬의 이미지 그대로였다. 근대가 바라본 섬은 모든 전통과 가치로부터 단절된 곳이자 자연 상태의 풍요로움을 간직한 공간, 따라서 개화한 육지인의 합리적 의지에 따라 질서 지워지고 건설돼야 할 고립된 미개척지였다. 영국 근대소설의 기원이 되는 『로빈슨 크루소』에서 섬이라는 공간이 문명인의 모든 욕망을 실현할 수 있는 처녀지,

근대적 주체의 의도와 계획을 마음껏 투사할 수 있는 백지의
공간으로 그려지는 것이 전형적인 예다.

제주 역시 일찍부터 받는 것 없이 주는 땅이었다. 역사에
편입된 초창기부터 그랬다. 백제, 신라, 고려, 조선. 왕조는 바뀌었지만
왕실로 진상되는 공물 생산지의 역할엔 변함이 없었다. 섬이
'중앙'으로부터 받는 것은 유배 보낸 정치범들뿐이라 해도 과언이
아니었다. 사실상의 '내부 식민지'였다.

오라! 이 처녀지에 낙원을 건설하라

근대의 문턱을 넘어선 뒤에도 섬의 운명엔 변함이 없었다. 육지
권력은 끊임없이 손만 벌렸다. 달라진 게 있다면 수탈자의
대열에 민간 자본이 가세했다는 정도다. 식민지 시대부터 조짐은
엿보였다. 1937년 《동아일보》는 「제주도종횡관」이란 특집을
연재한다. 보성전문학교 교수 최용달이 쓴 이 글은 제주의 현실을
기후와 자연, 풍속, 사회조직 등 열 개 소주제로 나눠 살폈다.
글에 드러난 제주라는 공간은 "지리적, 자연적 조건이 저러한지라
인정풍속(人情風俗)이 또한 섬나라의 그것[일본]과 대륙의 그것[몽고]을
겸(兼)처가질지니 [……] 일본의 풍습과 몽고의 그것이 이곳에
다분히 혼재"하는 "남명(南冥)의 고도"다.(「제주도종횡관 (1) 특이한
사회기구」(1937년 8월 27일자))

제주를 '자연', '이방'을 지시하는 이미지들로 표상하고 있다.
경향신문(1964년 7월 13일자).

그들은 아즉 너무나 원시적이고 비문화적 생활을 하고 잇다.
그들은 비록 순박하나마 너무나 비참한 생활을 영위하고
잇다. 만일 그들의 생활이 저러트시 순박하고 순진한 채로
그러나 현대과학의 수로서 조성될 수 잇는 유족하고 윤택한
문화적 생활에로 향상할 수 잇다면 그것은 오늘의 제주가
아닌 "이상"향으로서의 제주이리라.(「제주도종횡관 (완) 제주도
총론」(1937년 9월 8일자))

신문이 제주 기획을 연재한 데는 그만한 배경이 있었다.

제주 소라의 성

1937년 2월 조선총독부가 제주 개발계획을 세운 뒤 실지
조사를 벌이고 예산안까지 편성하면서 제주에 대한 관심이
급증했던 것이다. 총독부의 구상은 섬에 항만과 도로를 놓고,
목축업·어업·농업 발전(發電) 기지로 육성한다는 내용이었다.
제주는 미개한 절해(絶海)의 정치범 유배지에서 일약 "조선 남단의
보고(寶庫)"로 떠오른다.

　　　그러나 총독부의 제주 개발은 성사되지 못했다. 대륙
침략이 본격화하면서 조선 전체가 전시체제로 전환된 탓이었다.
개발 논의가 재개된 것은 1963년 '제주도건설연구위원회'가
설치되면서부터다. 국가재건최고회의 의장 박정희의 지시였다.
이즈음 신문엔 「밖으로 손짓하는 탐라의 꿈」이라는 특집 기사가
실린다. 기사 전체가 "자원", "영토", "이방지대", "처녀지", "낙원" 같은
식민주의 용어로 점철돼 있다.

　　　무한한 자원을 간직한 바다가 있고 광활한 영토가 있다.
　　　아름다운 신화와 전설이 가는 곳마다 아로새겨져 있다.
　　　계엄령이나 산아제한 같은 굴레는 아예 생각조차 못해보는
　　　이방지대. 여기 제주의 섬에는 누천년의 고요가 가시고
　　　개발에의 고동이 용솟음치고 있다. [……] 삼다의 섬 제주는
　　　이제 뭇사람을 오히려 무색케 할 만한 웅도(雄圖)를 품에 안은
　　　채 밖으로 손짓하고 있다. "오라! 그리고 이 처녀지에 낙원을
　　　건설하라!"

길들여질 수 없는 외부, 자연의 복수

실질적 개발은 1970년 '제주도 종합개발 10개년 계획'이 수립되고, 1973년 중문 관광단지와 관광 기반시설 조성을 내용으로 하는 '제주도 특정 지역 관광종합개발계획'이 수립되면서 본격화됐다. 공항과 항만이 확장되고 도로와 통신 시설도 확충됐다. 1980년대 들어서는 국민 관광을 기반으로 국제 관광을 활성화한다는 목표 아래 세 개 관광단지와 열네 개 관광지구가 지정됐다. 가처분소득이 늘고 관광산업이 활성화되면서 외지인의 섬 방문과 현지 지출도 크게 늘었다. 문제는 개발을 통해 만들어진 이윤이 외부 투자자들 손에 독점되고, 관광 주도의 개발로 인해 산업 불균형이 심화되면서 지역 경제가 외지 투자자의 경제활동에 종속되는 양상을 띠게 됐다는 점이다. 개발이익을 노린 외지 자본에 의한 토지 잠식과 투기 행태도 심각한 수준으로 치달았다. 식민화의 전형적 수순이었다.

소라의 성은 그사이, 전망대에서 레스토랑, 해산물 식당으로 쓰임새가 바뀌어오다 2009년 제주올레 사무국이 입주해 1층은 올레 안내관, 2층은 사무 공간으로 사용되고 있다. 2003년 건물(연면적 234제곱미터)을 포함한 주변 1만 3985제곱미터가 재해위험지구로 지정된 뒤 철거론에 휘말려 한동안 빈집으로 방치되기도 했다. 전망대에서 식당, 도보여행 사무국으로 용도를 갈음해온 이 건물의 생애사엔 섬이라는 '외부'를 전유해온 육지 권력의 욕망과, 제주라는 이질적 공간을 소비해온 패턴의 변천사가 오롯이 녹아 있다. 그것은 이국적 풍광 자체를 소박하게 조망하는 방식에서, 패키지로 먹고

현재 소라의 성은 제주올레 사무국이 되었다. 2000년대 후반, 걷기 열풍과 함께 도보 여행
코스가 개발되면서 더 많은 관광객들이 제주를 찾고 있다.

즐기는 포드주의적 위락 관광을 거쳐, 다양화된 취향과 기호에 맞춘 유연화된 스펙터클 소비 형태로의 변화다.

2013년 서귀포시는 이 건물에 대해 4년 만에 안전 진단을 벌였다. 올레 사무국의 이수진 실장은 "건물 자체는 구조적 결함이 없지만, 해안 절벽 위에 지어져 지반이 취약한 것이 문제"라며 "큰 파도가 치면 창문은 물론 책상 위 사무집기들이 흔들릴 정도"라고 했다. 파도는 이미 절벽에 몇 개의 해식동굴을 만들어놓았다. 침식은 미세하되 부단히 이뤄지고 있다. 길들여질 수 없는 외부, 자연의 복수라고밖엔 달리 볼 도리가 없다.

유진상가

비루하고 데데한 유신 건축물의 비애

유진상가는 서울 서북권역의 교통 요충인 홍은동 네거리에 있다. 폭 50미터의 입면부는 통일로와 면하고, 5층 높이의 상자형 몸체가 세검정길을 따라 200미터 남짓 이어진다. 1970년 지어졌으니 햇수로 47년. 사람이라면 불혹의 완숙함이 느껴질 법한 나이지만 이곳을 감도는 건 쇠진과 몰락의 기운뿐이다. 단조롭고 특징 없는 입면부, 오랜 세월 때와 흠집으로 누더기가 된 외장은 머잖아 폐기 처분될, 방치된 인공물의 운명을 암시하는 듯하다.

냉대받는 고급 주상복합의 아비뻘

유진상가는 서울에 몇 안 남은 상가아파트다. 1층 전체와 2층 일부가 상가로 쓰이고 나머지는 주거용이다. 건축학적 계보를 따지자면

2000년대 주상복합의 아비뻘이다. 상가아파트 가운데 가장 먼저 세워진 종로 세운상가(1967)는 벌써 일부가 헐려나갔다. '녹지축을 훼손하고 교통 흐름을 방해하는 흉물 장벽'이란 비난을 견뎌낼 재간이 없었던 것이다. 악기 판매로 특화된 종로 낙원상가(1968)도 철거 여론에 시달린 지 오래다. 주변을 슬럼화하고 남산 조망을 가로막는다는 이유였다.

유진상가 역시 재개발 민원이 제기된 지는 10년이 넘었다. 건물 전체가 홍제천을 복개한 상판 위에 자리 잡은 탓에, 도심 하천을 원형대로 복원해야 한다는 여론이 비등해진 1990년대 말부터 철거론이 힘을 받기 시작한 것이다. 서울시가 2003년 유진상가를 포함한 홍은사거리 일대를 재정비촉진지구로 지정한 것도 이런 기류를 의식해서다. 그로부터 9년 만인 2012년 5월 16일 '홍제1구역 도시환경정비사업 계획안'이 서울시 건축 심의를 통과했다. 계획안은 유진상가를 헐어 홍제천을 복원한 뒤 천변을 따라 업무·판매·문화시설을 짓고 그 배후에 최고 48층짜리 주상복합아파트 세 개 동을 신축하는 게 골자다.

흥미로운 대목은 도심의 다른 상가아파트들과 달리 유진상가에 대해서만큼은 철거를 반대하는 어떤 목소리도 들려오지 않는다는 점이다. 세운·낙원상가의 경우 개발주의 시대 도심 건축의 일단을 드러내는 상징물로서 의미가 만만찮고 건물의 내구성도 뛰어난 만큼 리모델링해 재활용하자는 의견이 건축계와 시민사회 일각에서 꾸준히 제기돼왔다. 실제 세운상가 네 개 동 가운데

위 통일로변에서 본
유진상가의 입면부. 일곱 개
콘크리트 기둥에 의해 여섯
칸으로 구획된 1층은 좌우
측면부의 한 칸씩을 필로티
구조로 비워 건물 후미까지
보행로와 주차 공간을
조성했다.

아래 유진상가는 길이가
220미터에 달하는 대형
건축물이다.

'다'동(삼풍상가, 풍전호텔) 구간은 이미 막대한 비용을 들여 리모델링 공사를 마쳤다.

이 건물들이 누리는 특별 대우는 설계자가 한국 근대건축의 한 시대를 풍미한 건축가 김수근이란 점과 무관하지 않은 것 같다. '족보 있는' 건축물이 누리는 특권이다. 건축물의 기획·설계·시공 과정뿐 아니라, 사람들이 그 공간을 점유하고 이용해온 방식 또한 한국의 근대성이 작동해온 독특한 단면을 보여주는 사례라는 평가도 적지 않다. 철거 계획이 알려진 뒤 두 건물을 찾는 건축학도와 연구자, 문화활동가들의 발길이 끊이지 않는 이유다.

유진상가가 겪는 푸대접에는 사실 부당한 측면이 없지 않다. 설계자가 누구인지 불명확하고 건물에 구현된 이념과 조형미가 세운·낙원상가에 비해 처지는 것은 사실이지만, 유진상가 역시 동시대 다른 상가아파트들과 구분되는 독특한 형태 미학과 조형 원리를 내장하고 있는 것은 분명하기 때문이다. 이 건물의 특징을 보려면 통일로 건너편에 서서 건물의 파사드(입면부)를 바라보면 된다. 일곱 개 콘크리트 기둥에 의해 여섯 칸으로 구획된 1층은 좌우 측면부의 한 칸씩을 필로티 구조로 비워 홍제교와 만나는 건물 후미까지 보행로와 주차 공간을 조성했다. 2층 기단부에 확보된 인공대지는 길게 3분할해 '아파트A동-공중정원-아파트B동' 순서로 1층 기둥 간격에 맞춰 두 칸씩 배열했다. 이 때문에 인공대지 양 측면에 조성된 아파트동은 바닥 절반이 허공에 뜬 채 필로티만으로 지탱되는 아슬한 모양새다.

'맨션'을 넘봤던 상가아파트

필로티가 지지하는 넓은 인공대지 위에 중정 형태로 확보한
옥외 공간(공중정원)은 김수근이 설계한 세운상가에서도 볼 수
있는 건축 요소다. 김수근은 필로티 구조로 확보한 지상 공간을
보행로와 주차장뿐 아니라 종로-청계천-퇴계로를 세로축으로
연결하는 차량용 도로에 할당하려 했다는 점에서 필로티의
활용에 더 적극적이었다. 나아가 네 개의 세운상가 건물군을 지상
15미터 높이에서 연결하는 공중 보행데크, 실내 광장, 채광용
아트리움(중앙홀) 등 당대 서구 건축의 첨단 어휘들을 과감히
도입했다.

　　　형태와 구조에서 드러나는 세운상가와의 유사성은
시공업체인 신성건설이 김수근의 세운상가 기본 디자인을
의도적으로 차용해온 결과로 보인다. 신성건설은 유진상가에
앞서 세운상가 '라'동(신성상가)의 시공에 참여한 업체이기도 했다.
하지만 이런 모방 역시 유진상가의 건물 폭이 세운상가보다 5미터
이상 넓었기에 가능한 일이었다. 유사한 선형(線形) 상가아파트인
동대문·삼선·서소문아파트에 비해서도 유진상가의 건물 폭은
두세 배가량 넓다. 덕분에 유진상가는 2층 인공대지 위에 여유 있는
옥외 공간을 사이에 두고 두 동의 아파트를 마주 보게 배치할 수
있었다. 옥외 공간에는 관리실과 놀이터, 자전거 거치대, 체육 시설,
간이 정원 등이 조악한 형태로나마 들어서 입주민의 교류 공간을
제공했다.

왼쪽 선형 아파트답게 기나긴 A동 복도.
오른쪽 놀이·체육 시설이 설치되어 있는 콘크리트 옥외 공간.

　　세대별 분양 면적이 다른 상가아파트들에 비해 월등히
넓다는 점도 유진상가만의 특징이다. 유진상가는 홍제천 복개
도로의 상판 위에 지어진 까닭에 불량주거지구를 철거한 뒤
건축된 다른 아파트들과 달리 철거민 지분이 따로 없었다. 30평
이상 중대형으로 분양 면적을 공급하는 게 가능했던 이유다. 가장
작은 규모가 33평, 큰 것은 68평이었다. 난방도 기름을 사용한
중앙집중식이었다. 상가아파트임에도 당시 고급 공동주택을 일컫던
'맨션'이란 명칭이 붙을 만했다. 분양가는 33평형이 360만 원,
68평형이 780만 원대에서 형성돼 당시 비슷한 규모의 일반 주택보다
세 배가량 비쌌다.

　　입주자들의 학력과 소득 수준도 높았다. 1987년의 한
조사를 보면 유진상가 세대주 가운데 대졸자 비율이 71.3퍼센트다.
세운상가(60.9퍼센트)나 낙원상가(48.2퍼센트)보다 높다. 유진맨션

주민자치회장 박을용(78세, 1986년 입주) 씨는 "1980년대만 해도 청와대, 정부청사, 법원, 검찰청 등이 가까워 고위 공무원과 법조인이 많이 살았다."며 "시간이 흐르자 인근 시장과 상가에서 장사로 돈을 모은 사람들이 차츰 들어오기 시작했다."고 전했다. 초기 입주자들의 세도가 어느 정도였는지를 짐작하게 하는 한 주민의 증언이다.

　"옆에 있는 인왕시장이 농산물을 취급하는 서울 서북권의 거점 시장이었다. 그러다 보니 김장철이면 새벽부터 소음이 심했다. 1972년쯤 여기 살던 청와대 경호처장이 새벽에 경찰서장과 구청장을 불러다 몇 번 호통을 쳤다. 그럴 때마다 경찰과 계도 공무원이 출동해 한바탕 소동이 벌어졌다. 군 고위급도 많이 살았는데, 여기 사는 장성들 별을 모으면 열두 개쯤 된다는 우스개 얘기가 있었다."(봉봉원, 1972년 1층 상가 입점)

아파트, 상가, 그리고 최후 저지선

하지만 유진상가에는 동시대 다른 상가아파트와 구별되는 또 다른 용도가 있었다. 군사적 방어 기능이다. 1993년 문민정부 출범 직후 도심의 군사시설물 존폐 논란을 다룬 기사를 보면 유진상가와 관련된 흥미로운 내용이 나온다. "이 건물은 서울 서북 지역이 뚫렸을 경우 시가전을 벌이기 위한 군사겸용 건물로서 홍제천을 복개한 위에 당시 일반적인 건축물과는 비교할 수 없을 정도로 튼튼하게 지어졌다." "유사시 적의 공격에 대비, 은폐 엄호용

필로티가 지지하는 넓은 인공대지 위에 중정 형태로 확보한 옥외 공간.
왼쪽 B동은 4, 5층이 철거된 뒤 서대문구 신지식산업센터가 입주했다.

건물 좌측의 필로티 내부. 1층 필로티 공간에 대해선 유사시 아군 기갑차량의 엄폐호 기능을 염두에 뒀다는 견해와 최악의 경우 필로티를 폭파해 전차의 기동을 원천 차단하기 위한 '대전차 방호시설'이란 설이 경합한다.

목적을 갖고 있는 이 육중한 건물은 지은 지 20년이 지난 지금까지 견고함에 있어서는 서울에서도 손꼽힌다."(「정도(定都) 600년 서울 재발견 〈37〉 도시계획(4) 도심곳곳에 군사시설물」,《동아일보》(1993년 8월 28일자))

취재차 만난 유진상가 주민들도 이 사실을 대체로 인지하고 있었다. 34년째 살고 있다는 A씨는 "1979년 나한테 집을 팔고 나간 장성급 군인은 이 건물이 전시에 탱크 진지로 계획된 곳이라고 했다."며 "1층 필로티 공간의 천장이 높은 것도 탱크의 포탑 높이를 계산해 넣은 것으로 안다."고 말했다. 신성건설(2008년

부도로 법정관리에 들어간 후 2013년 연합자산관리에 인수)의 한 관계자도 유진상가에 북한 전차부대 진입을 저지하기 위한 군사시설 용도가 있는 것은 사실이라고 시인했다. 그는 "당시 서울 시내의 어떤 건물보다 단위면적당 철근과 콘크리트 투입량이 많았다."고 말했다.

민간 건설사가 지은 상가아파트에 군사 기능이 부여된 배경에는 건설 당시의 국내외적 상황이 중요하게 작용했다. 신성건설이 유진상가 건축에 착공한 1969년은 '서울 요새화'가 선포된 원년이었다. 당시 한반도 정세는 1968년 1월 북한 무장공작원의 청와대 기습(1·21 사태)과 미군 정보선의 동해 피랍(푸에블로호 사건), 11월 울진·삼척지구 북한 무장공작원 침투 사건으로 군사적 긴장이 어느 해보다 고조된 상태였다. 국내적으론 박정희 정권의 3선 개헌 움직임에 야당과 학생, 재야 세력의 저항이 격화돼 집권 세력은 심각한 정치적 위기에 직면했다.

박정희 정권은 군사력 증강과 함께 각종 방위 계획을 마련해 안보 위기에 대응하는 한편, 안보에 대한 국민의 불안감을 활용해 정치적 저항을 억누르는 이중 전략을 취하게 된다. 이 과정에서 만들어진 구호가 "싸우면서 건설하자"였다. 1968년 2월 초 박정희의 해군사관학교 졸업식 기념사에서 처음 나온 이 구호는 그해 3·1절 기념사, 6·25 담화, 8·15 경축사 등에 빠짐없이 등장하더니 이듬해 대통령 신년사를 통해 공식 통치 슬로건으로 공표되기에 이른다. 이 과정은 5·16 군사반란으로 집권한 박정희 군부 세력이 1963년 민정 이양을 통해 마련한 자유민주주의 정부로서의 성격을 벗어던지고

"서울시는 남산을 요새화하고
교통의 빠른 소통을 위해 남산밑에
동서남북의 2개 간선터널을
400일만에 뚫기로 했다."
경향신문(1969년 3월 4일자).

'준전시 동원체제'에 기반을 둔 종신독재(유신체제)로 이행하는
과정이기도 했다.

싸우면서 건설한다

서울의 공간적 재편도 이런 움직임에서 자유로울 수 없었다. 육군
준장 출신의 서울시장 김현옥은 1·21 사태 직후인 1968년 2월
'방어 및 관광 목적의 스카이웨이' 건설 계획을, 3월에는 지하
대피시설 여덟 개소 설치 계획을 발표한 데 이어, 이듬해 1월과
3월에는 '서울 요새화 계획'과 '남산 요새화 계획'을 잇따라 내놓는다.
이렇게 탄생한 게 남산 1, 2호 터널이었다. 터널은 평시엔 교통

건물 정면에 걸린 '홍제1구역 도시환경정비사업' 투시도. 유진상가 재건축
논의와 시도는 끊임없이 지속되고 있다.

시설로, 유사시에는 30만~40만 명을 수용할 수 있는 대피시설로
활용한다는 게 당시의 구상이었다. 한강 다리도 폭격 피해를 입을
경우 가장 신속하고 효과적으로 복구할 수 있는 형태를 염두에 두고
설계가 이뤄졌다.

      휴전선에서 서울로 통하는 주요 도로 상에는 다섯
겹의 주방어선이 새롭게 구축됐다. 서울 도심에서 가장 가까운
방어선이 구파발의 전차 방어선이었다. 구파발 방어선을 돌파한
북한 전차부대가 청와대나 세종로 정부중앙청사 방면으로
진출하려면 반드시 유진상가가 있는 홍은동 네거리를 거쳐야

북부간선도로 건설로
건물 일부의 철거가
결정되면서 보상 문제를
둘러싸고 유진상가 주민들과
시 당국의 갈등이 불거졌다.
경향신문(1991년 12월 2일자).

했다. 이곳은 구파발에서 6킬로미터 남짓 떨어져 있었는데, 여기서
세검정길을 거쳐 청와대까지는 5킬로미터, 의주로를 거쳐 세종로
정부중앙청사까지는 4킬로미터 거리였다. 도시 내 거점 방어에
적합한 전략 요충이었던 셈이다.

　　북한 전차의 기동을 저지, 지연하려고 만들어진 건물답게
유진상가는 기둥과 상판뿐 아니라 외벽까지 견고한 철근콘크리트로
축조됐다. 건물 전체가 거대한 토치카였다. 1층 필로티 공간에
대해선 유사시 아군 기갑차량의 엄폐호 기능을 염두에 둔 것이란
말이 있는데, 신빙성이 상당해 보인다. 외부로 트인 1층 공간이 적의
곡사화기 공격으로부터 내부 차량을 보호할 수 있을 만큼 충분히
깊고 높기 때문이다.

다른 견해도 있다. 최악의 경우 필로티를 폭파해 상부의
아파트 건물이 도로를 덮치도록 함으로써 전차의 기동을 원천
차단하기 위한 일종의 '대전차 방호시설'이라는 것이다. 실제 1층의
필로티는 전방 지역의 도로나 철로 위에 설치된 낙석형 장애물의
지지대와 유사한 형태를 띠고 있다. 아파트동 전체가 초대형 낙석
구실을 하도록 설계됐을 가능성이 충분하단 얘기다. 이런 점에서
유진상가는 "싸우면서 건설하자", "총력안보"라는 유신(維新)식
구호가 물질화된 준전시 개발동원체제의 상징물이었다. 세운상가가
변방 국가의 성장 기적을 과시하는 기념비이자 근대성의 승리를
고지하는 정치적 오브제로서의 성격이 두드러졌던 것과 뚜렷한
대조를 이루는 대목이다.

부동산 수익률에 달린 잔여 수명

이처럼 긴요한 용도를 지녔던 유진상가는 한반도의 군사적 대치
강도가 완화되고 남북 간 화해 무드가 조성되자 전술적 효용
가치가 크게 줄어들 수밖에 없었다. 상대적으로 낙후된 부도심에
위치한 데다 지하 주차장이나 엘리베이터 같은 편의 시설도 없고
소음과 분진으로 인한 고통이 심각하다는 점은 주거 공간으로서의
매력마저 떨어뜨렸다. 설상가상으로 1994년 내부순환로가 건물의
상부를 지나가게 되면서 B동 아파트의 절반(4, 5층)이 뜯겨나가는
비극을 겪는다.

    2000년대 중반 신자유주의 토건 국가의 등장은 이 불임의 기형 건축물에 내려진 시한부 판정서나 다름없었다. 부단한 파괴에서 성장 동력을 취하는 이 체제 아래서 자본의 순환과 축적에 봉사하지 못하는 낡은 고정자본은 필연코 일소돼야 할 운명인 까닭이다. 이제 이 건축물의 남은 수명을 결정지을 변수는 변덕스런 부동산 시장의 수익률 그래프뿐이다. 애도의 대상도, 멜랑콜리의 공간도 되지 못하는, 이 비루하고 데데한 유신 건축물의 비애다.

거룩한 천상의 빵,
신의 이름으로 약속된 세속적 번영

여의도 허공 가장 깊숙한 곳에선

신의 형상을 한 거대한 검은 아가리가

이 세계의 남은 뼈를 아득아득 씹고 있다.

—여의도는 거룩한

천상의 빵

—최승자, 「여의도 광시곡」

속도와 성장에 대한 강박이 전 국민의 의식을 짓누르던 시절, 갓
구운 컵케이크마냥 기세 좋게 부풀어 오른 콘크리트 구조물이
한강변 여의도에 모습을 드러냈다. 강 건너 서대문에서 이전해온
순복음중앙교회(이후 '여의도순복음교회'로 개칭)였다. 당시 여의도는
허허벌판이었다. 제방(윤중제)을 쌓아 땅을 돋운 뒤 이제 막 택지

정리를 끝낸 황량한 모래섬에는 아직 국회의사당도, 방송국도 제 모습을 갖추기 전이었다. 대형 건축물로는 여의도 개발 뒤 처음 들어선 순복음교회는 형태부터가 파격이었다. 장방형이 아닌 원형 평면에, 원통형 몸체 위에는 납작한 철골 돔을 얹었다. 교회 건축의 전형적 구성물인 첨탑 종루도 없다. 외형만 보면 교회라기보다 그로부터 10년 전 서울 장충동에 들어선 실내체육관에 가깝다.

기도의 응답을 받아 여의도에 건물을 세우다

교회가 들어선 여의도 북서쪽은 원래는 발전소 부지로 계획된 삼각형의 자투리 땅이었다. 아직 마포대교가 개통되기 전이어서 대중교통을 이용한 접근도 용이하지 않았다. 하지만 5000명을 동시에 수용할 수 있는 매머드급 예배당을 원했던 건축주에겐 제방과 면한 값싼 발전소 부지만큼 매력적인 장소를 찾기란 쉽지 않았다. 부지 매각에 어려움을 겪던 서울시 입장에서도 신도 수가 1만 명에 육박하는 초대형 교회의 여의도 이전은 '후발 유인 효과'를 고려한 마케팅 차원에서도 우선은 장려하고 볼 일이었다.

그러나 건축주의 기대와 달리 건축 과정은 순탄치 않았다. 중동발 오일쇼크에 따른 환율 상승으로 원자재 가격이 급등하고, 경기 침체 여파로 헌금 수입마저 감소하면서 공사가 중단되는 일이 빈번하게 벌어졌던 탓이다. 『여의도순복음교회 50년사』(여의도순복음교회, 2008)는 당시 상황을 이렇게 기록한다.

지름 53미터에 달하는 대형 철골 돔이 납작하게 얹혀 있다. 뒤편으로 국회의사당의 청동 돔이 보인다.

조용기 목사는 하나님으로부터 기도의 응답을 받고 여의도에
건물을 세우겠다는 계획을 강하게 추진하였다. 그러나 건축
초기부터 여러 문제들이 닥쳐오기 시작하였다. 건축이
시작되자마자 교회는 자금 문제에 봉착하였다. [……] 조용기
목사는 매일 밤 공사 도중 멈춘 녹슨 철골을 움켜잡고 부르짖기
시작하였다. 하나님의 계획을 믿는 성도들도 하나둘씩
마루에 엎드려 간절히 기도하기 시작하였다. 그러한 헌신과
희생의 결과 교회는 모든 빚을 갚을 수 있었고 성공리에
여의도순복음교회를 세울 수 있었다.

　　기독교 성공 신화의 전형적 내러티브다. 신의 뜻이
대리인(조용기 목사)의 혜안과 헌신, 탁월한 지도력과 만나 속세의
고난과 시련을 극복하고 기적 같은 도약을 성취할 수 있었다는
얘기다. 실제 여의도순복음교회의 성장은 조용기라는 카리스마적
지도자의 존재 없이는 생각하기 어려운 게 사실이다. 그는 오늘날
단일 교회로는 세계 최대 규모로 꼽히는 이 교회의 설립자 겸
원로목사이자 언론사와 대학, 각종 재단법인을 운영하는 '종교
기업'의 실질적 소유주이며, 정치사회에 막강한 영향력을 행사하는
보수 개신교계 지도자로서 사회·문화적 상징 권력의 정점에 서 있다.
　　경남 울주 출신인 그는 민의원에 출마한 부친의 낙선으로
집안이 기울자 기술자가 되기 위해 부산공업고등학교를 다녔다.
2학년 때 폐결핵을 앓고 요양하다 미국인 선교사가 이끄는 부흥회에

　　　　　　　　　　　　　　　1 건축 읽기

참석한 것을 계기로 교회를 나가게 됐고, 금식기도 중 예수를 만나는 환상을 체험한 뒤 서울로 올라와 순복음신학교에 입학했다. 1958년 서울 대조동에 있는 살림집 거실에서 가정교회를 시작해 천막교회로 규모를 키웠다. 1961년 서대문으로 교회를 옮겨 1년 뒤 목사 안수를 받았다. 그사이 교세는 가파르게 팽창했다. 교인 수는 1963년 3000명을 넘어섰고, 여의도 이전 직전엔 8000명을 돌파했다. 서대문 교회의 공간이 늘어난 교인 수를 감당할 수 없게 되자 조용기는 결단을 내렸다. 이제 막 개발계획이 마련된 여의도로 교회를 옮기기로 한 것이다.

압축적 경제성장과 호응하는 교회 성장사

여의도순복음교회의 폭발적 성장이 반공개발동원체제 아래 성취된 한국의 돌진적 근대화와 동시적으로 이뤄졌다는 점도 주목할 대목이다. 이 점은 외형적 성장 지표를 통해서도 확인된다. 여의도순복음교회의 재정 규모는 1972년부터 1981년까지 연평균 9.3퍼센트의 성장률을 기록했는데, 같은 기간 한국의 평균 경제성장률이 9.2퍼센트였다. 조용기가 서울 변두리 대조동에서 천막교회를 하다가 도심인 서대문으로 진출해 본격적인 도약의 기반을 마련한 해가 5·16 군사반란이 일어난 1961년이란 사실도 흥미롭다.

이런 순복음교회의 성장은 산업화와 도시화라는 사회경제적 변화 속에서 이뤄졌다. 이 교회의 초기 신도들 다수는 일자리를 찾아 대도시로 대량 유입된 이농민이었다. 조용기가 천막교회를 시작한 대조동은 서울 서북 권역의 대표적인 이농민 밀집지였다. 대를 이어 살아온 고향을 떠나 낯선 서울에 정착한 이들을 기다리는 것은 가난과 질병, 이주자에 대한 뿌리 깊은 차별이었다. 순복음교회는 '치유'와 '축복'이란 메시지를 들고 이들에게 다가갔다.

초창기 순복음교회의 예배는 부흥회와 다를 바 없었다. 집회는 매번 교인들의 울부짖음과 의미를 알 수 없는 방언들로 넘쳐났다. 그곳에서 사람들은 박수 치고 노래 부르고 발을 구르고 바닥을 뒹굴었다. 때때로 병이 나았다며 춤을 추는 사람, 죽음의 문턱에서의 극적인 생환기를 전하는 사람도 있었다. 1950~1960년대를 풍미한 기도원의 분위기 그대로였다. 그러나 이 교회가 전한 것은 '치유의 은사'만이 아니었다. 거기에 그쳤다면 이 교회는 여의도 입성을 넘보기는커녕 숱하게 명멸해간 '부흥사 교회'의 운명을 되밟았을 공산이 크다.

사람들을 끌어 모은 것은 교회가 전하는 '축복에 대한 확신'이었다. 조용기의 메시지는 간결했다. 교회를 나오면 건강과 부, 영적 구원까지 얻을 수 있다는 '3박자 구원론'이다. 민중신학자 김진호는 순복음교회의 부흥 비결을 "'오직 성장'을 위해 모든 것을 총동원하는 군부독재 시절의 담론과 제도에 호응하는 신앙 담론과 제도를 발명해 낸 것"(『시민K, 교회를 나가다』, 현암사, 2012)에서 찾는다. 전후 부흥사들의 치유 메시지에, 1960년대식 "잘 살아보세" 구호를 신탁처럼 변형해 추가한 게 순복음의 신앙 담론이라는 것이다.

하지만 순복음교회가 여의도 이전을 계획한 1960년대 말까지도 초기의 예배 분위기가 강하게 유지되고 있었던 듯하다. 당시 순복음교회 현상설계를 준비하기 위해 서대문교회를 방문했던 김석철의 전언에서도 드러난다. "현상설계에 참여하기 위해 순복음교회 예배 시간에 가봤다. 통성기도란 것을 그때 처음 접했다. 통성기도하는 모습에서 큰 충격을 받았다."

당시 김석철은 20대의 신예 건축가였다. 김수근의 제자로 여의도 마스터플랜 성안 작업에 참여했던 그는 30만 원이 걸린 현상설계에서 1등을 거머쥔다. 하지만 김석철 안은 장방형의 고딕 양식이 지배적이던 교회 건축의 문법에서 지나치게 벗어나 있었다. 보수적이고 교육 수준도 높지 않았던 교회 장로들은 난색을 표했다. 성전 건축을 '애송이 불신자'에게 맡겨선 안 된다는 주장이 교인들 사이에서 힘을 얻었고, 결국 당선금까지 지급한 김석철 안은 폐기 처분됐다. '대타'로 낙점된 이는 당시 순복음교회에 출석하고 있던 30대 후반의 건축가 조행우였다.

말씀과 퍼포먼스를 효과적으로 전달하라

전남대학교 건축과를 졸업한 뒤 김중업건축연구소에서 건축 실무를 익힌 조행우는 이미 광주학생독립운동기념관(1966), 한국은행 제주본부(1970) 설계 등으로 현장 이력을 쌓은 중견이었다. 단지

주일예배 모습. 시선의 사각지대가 없고, 최소 면적에 최대 인원을 수용할 수 있다는 기능적 장점 때문에 원형 평면을 택하고 복층 관람석 구조를 들여왔다.

교회 신도라는 이유만으로 '동양 최대 교회당'의 설계자로 선택받는 행운을 틀어쥔 건 아니란 얘기다. 이 점은 임진각, 매일경제신문 사옥, 종합촬영소, 오산리기도원 등이 그의 훗날 작품 이력에 추가된 사실로도 입증된다.

조행우가 설계한 여의도교회는 원형의 예배 공간에 장방형의 진입 공간을 덧댄 형태로 평면 전체를 놓고 보면, 백열전구의 종단면과 유사했다. 원형의 평면을 가진 예배당은 당시로선 이 교회가 유일했는데, 앞서 원형 평면을 처음 설계에 채택한 화성 제암교회도 막상 공사 과정에선 이를 구현하지 못했다. 순복음교회가 원형 평면을 택한 가장 큰 이유는 최소 면적에 최대 인원을 수용할 수 있다는 기능적 장점에 있었다. 이전 당시 이미 1만 명에 육박하던 교인을 수용하려면 일반적인 장방형 평면으로는 강단과 신도석 뒷부분의 거리가 지나치게 길어지는 난점을 극복하기 어려웠던 것이다.

　　　개신교, 그중에서도 순복음교회의 예배 형식이 가톨릭처럼 전례(의식)가 아니라, 설교자의 말과 퍼포먼스가 중심이란 점도 핵심적으로 고려됐다. 따라서 예배 공간의 내부를 가로지르는 시선들은 설교자의 강단이 위치한 하나의 점으로 수렴되고, 내부 어느 지점에서든 설교자의 일거수일투족을 응시할 수 있게 시선의 사각도 없어야 했다. 건축가는 원형 극장의 복층 관람석 구조를 예배당 안으로 들여왔다. 설교자가 서는 강단은 자연스럽게 1인 퍼포먼스를 위한 무대 기능을 떠맡게 됐다.

　　　이런 대규모 원형 공간에 설치 가능한 지붕은 돔밖에 없었다. 직경이 50미터가 넘는 초대형 돔은 1963년 장충체육관(김정수 설계)에 시공된 철골 트러스돔(직경 83미터)을 통해 국내에서도 기술적 난점이 극복된 상태였다. 지름 53미터의 철골 돔을 머리에 얹은 예배당은 낯설면서도 잘 구워진 원통형 빵 덩어리를 연상시켰고, 1980년대까지 국회의사당, KBS 본관과 함께 서여의도를 상징하는 랜드마크로 자리 잡았다.

'번영 신학'의 한국적 변안

여의도 이전 후 교회는 초고속 성장을 거듭했다. 이전 첫해 1만
8000명을 넘어선 교인 수는 1981년 20만, 1990년 59만, 1999년
72만 명으로 정점을 찍었다. 그사이 의지할 데 없는 하층민들의
치유와 구원의 안식처였던 순복음교회는 더 많은 부와 성공을
바라는, 교육받은 중산층의 교회로 탈바꿈했다. 여기엔 여의도
시대의 개막과 함께 본격화하기 시작한 '성공주의 신앙'의 전면화가
결정적 구실을 한 것으로 보인다.

　　앞서 언급한 조용기의 3박자 구원론은 1970년대 중반
본격적인 신앙 담론의 체계를 갖추게 되는데, '영적 구원이 속세의
성공을 동반한다.'는 메시지는 현대 개신교 신앙 체계에서 독창적인
것은 아니었다. '신복음주의'로 불리는 1960년대 미국 보수
개신교단의 신학은 '번영(prosperity)'을 신앙적 현실관의 최상위에
두고 이를 위해 개인의 내면을 적극적으로 구성해가는 자기 계발적
삶의 태도를 강조했다. '적극적 사고'를 신학의 중심 말로 제시한
노먼 빈센트 필(Norman Vincent Peale)을 필두로, 그의 문제의식을
현실 목회에 도입해 성공을 거둔 로버트 슐러(Robert Schuller),
『목적이 이끄는 삶』(고성삼 역, 디오데, 2003)이란 저서로 이름을 알린
릭 워런(Rick Warren)과 『긍정의 힘』(정성묵 역, 두란노, 2005)을 쓴 조엘
오스틴(Joel Osteen) 등이 '번영 신학'의 대표 주자였다.

　　조용기는 1970년대 중후반 로버트 슐러와의 교류를 통해
번영 신학의 이론 틀을 순복음의 신앙 담론으로 적극 도입하는데,

1970년대 후반 주류 개신교단으로부터 이단이라 배척받았던 순복음교회는 가파른 성공 덕에 주류 세계에 편입되어, 현재 다른 비주류 소종파들을 상대로 이단 논쟁을 벌이고 있다.

이는 신비와 신유(神癒, 신의 힘으로 병이 나음) 체험에 의존하는 초창기 순복음 신앙의 한계를 넘어서기 위해 불가피한 일이기도 했다. 초기 순복음 신앙의 기복주의적 특성은 중산층 남성과 고학력에 합리적 성향을 띤 새로운 세대의 기호와는 친화성이 떨어지는 난점이 있었던 것이다. 1970년대 후반부터 일기 시작한 주류 교단의 '이단' 시비 역시 순복음처럼 신비주의가 주조인 비주류 신앙 집단이 빠르게 교세를 확장할 때 맞닥뜨리게 되는 불가피한 숙명이었다.

조용기는 로버트 슐러의 번영 신학을 한국적 현실에 맞게 '번안'해 냄으로써 이 한계를 넘어섰다. 그의 신앙론을 최종 집약한 '4차원 영성론'은 기존의 '3박자 축복'에 '바라봄의 법칙'을 첨가한 것으로, 목표를 정해놓고 구체적인 상상과 기도, 묵상을 할 때 그 소망이 성취될 수 있다는 내용이 핵심이었다. 부와 성공이란 세속적 욕망을 긍정하고, 그것을 성취하기 위한 노력을 신앙의 차원에서

세속적 물신주의가 풍미하는
한국 개신교라지만 교회당 안에
현금인출기가 설치된 곳은
매우 드물다. "헌금하시는 곳"이란
문구가 인상적이다.

정당화한 것인데, 2000년대 본격화한 '신자유주의 인간형'에 대한
종교적 선취라고 불러도 무방할 듯싶다.

　　　이단 시비는 잦아들었고, 조용기와 순복음교회는 '신앙적
주류' 대열에 성공적으로 편입했다. 이후의 길은 탄탄대로였다.
순복음의 '성공 지상주의'는 한국 자본주의의 구조 변화와 더불어
개신교계를 넘어 사회 전반에 '문화적 우세종'으로서 지위를 공고히
했고, 교회의 돔 지붕 아래선 부와 성공에 대한 세속적 갈망들이
"거룩한 천상의 빵"마냥 부풀어 올랐다.

　　　시간은 저 혼자서 능률 능률 흘러가고
　　　보라, 우리의 오물더미 위에서
　　　구린내도 그윽한 문화의 오븐 위에서
　　　무럭무럭 김을 풍기며
　　　거대하게 부풀어 오르는 여의도를

　　　　　　　　　　　　　　　　　1 건축 읽기

―여의도는 거룩한

천상의 빵.

―최승자, 앞의 시

패배하라, 포에틱 자스티스를 위하여

미완이었을망정 4·19는 축복이었다. 섬약한 반도의 지식인들은
비루한 이 세계사의 변방에도 '시민'이란 근대적 정치 주체가
실존할 수 있음을 비로소 체감했다. 독재자를 몰아낸 주체 세력
역시 자신들의 행위를 '시민혁명'이라 이름 붙였다. 환희는 그러나
순간이었다. 1961년 5월, 도강해온 반란군 탱크 앞에 혁명이
궤주하자 시민도 따라 죽었다. 광장은 닫히고 거리에는 "반공"과
"질서 확립" 따위의 병영식 구호들만 난무했다. 그 환멸의 시간을
견디며 시인 김수영은 썼다.

> 혁명은 안 되고 나는 방만 바꾸어버렸다
> 나는 인제 녹슬은 펜과 뼈와 광기
> 실망의 가벼움을 재산으로 삼을 줄 안다
> ―김수영, 「그 방을 생각하며」

4·19 당시 광장을 가득 메우고 환호하는 시민들.

시민의 죽음과 '관제 시민'의 시대

횡사한 시민의 빈자리를 차지한 것은 '소시민'이었다. 그들은
"왕궁의 음탕 대신에/ 오십원짜리 갈비가 기름덩어리만 나왔다고
분개하고"(김수영, 「어느 날 고궁을 나오면서」), 불의를 비판하고 부당한
권위에 저항하기보다 일신의 이익이 훼손될까 전전긍긍하는
'모래보다 왜소하고 먼지보다 가벼운' 존재들이었다. 소시민의
옹졸함에 대한 탄식과 자학이 횡행하는 사이, 권력자들은 혁명의
소요 상황을 항구히 봉쇄하기 위한 새로운 주체 형성 프로젝트에
착수했다. 그들이 원한 것은 권위에 순응하고 권력에 맹종하는 관제
시민, 정치학자 정상호의 표현에 따르면 "'나라의 융성이 나의 발전의
근본'임을 깨달아 투철한 국가의식과 반공정신을 내면화한 종속적
신민"(『시민의 탄생과 진화』, 한림대출판부, 2013)이었다. 자유와 존엄을
쟁취하기 위해 국가권력과 일전을 불사하는 각성된 정치 주체인

1 건축 읽기

시민은 사실상 도시라는 행정단위의 거주민 차원으로 축소되고 말았다.

　　시민이 정치적 권리 주체로서 역사적 시민권을 회복하기까지는 그로부터 20년에 가까운 세월을 기다려야 했다. 그 전환을 가능케 한 것은 권력이 짜놓은 시민적 질서의 관계망 안에서 변변한 자리 하나 점유하지 못했던 '아무것도 아닌 자들'의 희생이었다. 그들은 국가권력의 원초적 폭력에 저항하는 과정에서 스스로를 '시민'으로 정체화했고, 외로운 항전과 비장한 최후를 통해 망실됐던 정치적 주체의 복권을 시적(詩的)으로 성취했다. 그 역사적 귀환의 현장 한가운데 광주시민회관이 있었다.

　　광주시민회관은 1971년 4월 광주의 제1호 도시공원인 광주공원 경내에 세워졌다. 설계는 임영배 당시 전남대학교 교수가 맡았다. 그는 전쟁 중이던 1951년 전남대에 입학해 일본 유학파인 김한섭 밑에서 근대 건축의 문법과 어휘를 익힌 광주 지역의 1세대 건축가다. 그의 스타일은 1세대 국내파 건축가들이 대체로 그렇듯, 르코르뷔지에와 바우하우스(Bauhaus)의 기능주의로부터 깊은 영향을 받았는데, 첫 작품인 전남대 공대 2호관(1960년대 말) 역시 독일 데사우의 바우하우스 교사(校舍)를 참조한 것이었다.

　　임영배가 시민회관 설계에 착수한 1970년은 전국의 지방 도시에서 시민회관 건설이 경쟁적으로 이뤄지던 시기다. 제주(1964), 전남 순천(1968), 경기도 수원(1970)이 광주에 앞서 시민회관을 지어 올렸고, 서귀포(1973), 부산(1973), 인천(1974), 대구(1975)가 뒤를

이었다. 중앙정부도 시민회관 건립을 적극 지원했다. '먹고사는 문제'가 상당 부분 해결되면서 집회·공연용 복합문화시설에 대한 시민적 수요가 급증했다는 게 표면적 이유였다. 그러나 옥내 집회를 위한 공공시설물의 건립은 누구보다 국가권력에 절실한 사업이었다. 반공과 개발주의라는 양대 동원 전략을 통해 지배 기반의 취약성을 보완하려 했던 군사정권으로선 대중의 정치·사회·문화적 동원을 뒷받침할 물리적 시설물의 확보가 시급했던 것이다.

곡면의 파사드, 공명하는 현악기를 닮은 외형

이렇게 지어진 광주시민회관은 지하 1층, 지상 4층 규모의 철근 콘크리트 건물로 연면적이 1만 395제곱미터였다. 연면적으로 치면 부산(1만 2664제곱미터)보다 작고, 대구(9989제곱미터), 대전(7632제곱미터), 인천(7533제곱미터)보다는 컸다. 시민회관이 입지한 광주공원은 광주천에 면한 야트막한 구릉으로, 정상부에는 1961년 조성된 현충탑과 추모광장이 있었다. 건물은 추모광장 아래 있는 중앙광장 북서쪽에 세워졌는데, 전면이 광주의 진산인 무등산의 남쪽 능선을 바라보며 광장을 품는 형세로 자리 잡았다. 평면은 대지 형태에 맞게 앞부분이 넓고 후면으로 갈수록 폭이 좁아지는 사다리꼴이다. 본건물 우측에는 반원형으로 전면부를 돌출시킨 부속 건물을 이어 붙여 공간 활용의 효율성을 높였다.

외형은 과도한 장식을 피하고, 행사와 공연 기능에 충실한

리모델링을 마친 시민회관 전면부. 과도한 장식을 피하고
행사·공연 기능에 충실한 극장 양식의 원형을 보존했다.

완만한 원호를 그리는
돌출부가 현악기의 울림통을
연상시킨다.

리모델링을 마친
회관 내부는 지붕과 벽면이
트인 야외 공연장으로
재탄생했다.

극장 양식을 취했다. 다만 본건물의 전면부를 완만한 호(弧)로 둘러 돌출시킨 것이 특징적이다. 주목할 부분은 파사드의 곡률이 전통 현악기인 가야금의 울림통 표면과 비슷하다는 점이다. 여기에 아홉 줄의 수직 루버를 악기의 현처럼 표면에 부착해 '예향'이란 광주의 지역성을 단아한 이미지로 표현했다. 파사드의 윗부분에는 채광 용도의 원형 창 여덟 개를 뚫었는데, 표면의 수직 루버와 어우러져 내부에서 공명하는 음향을 외부로 방사하는 현악기의 울림구멍을 연상시킨다.

건물은 1970년 8월 1일 착공해 이듬해인 1971년 4월 17일 완공됐다. 개관식에 이어 열린 첫 번째 공식 행사는 '4·19 의거 11주년 기념식'. 정치적 목소리가 철저히 배제된 관제 행사였다. 당시 《전남일보》는 학교별로 할당된 시내 중·고교생 800여 명이 참석했다고 전한다. 실제 이곳에선 간간이 마련되는 문화영화 상영과 음악회 등을 제외하면 지역 행정기관이나 관변 단체 주관 행사가 주로 열렸다. 1970년대 신문 기사는 각종 국가기념일 행사를 위시한 유신헌법 설명회, 총력안보 궐기대회, 유정회 의원 지역회의, 승공지도자 안보단합대회 등이 단골로 열렸다고 기록한다. 시민회관은 '시'라는 행정단위에서 운영되는 복합공연 시설을 이르는 명칭이었을 뿐, 토론하고 참여하고 저항하는 권리 주체로서의 시민 개념과는 아무런 의미 연관도 갖지 못했던 셈이다.

1980년 광주시민회관은 그 이름에 합당한 역사성을 비로소 획득한다. 피의 학살이 시작되고 사흘이 지난 5월 21일 오후였다.

시민회관이 있는 광주공원 앞 광장에는 광주의 참상을 알리기 위해 나주, 화순, 목포 등으로 진출했던 차량들이 속속 모여들었다. 차에는 경찰서와 예비군 무기고에서 노획한 총기와 탄약이 적재돼 있었다. '5월 광주'를 기록한 사료집은 당시 상황을 이렇게 약술한다. "21일 오후 3시쯤부터 광주공원 계단 앞에는 엘엠지(LMG) 기관총이 설치됐고, 4000여 자루의 카빈총이 쌓여 있었다. 총기 사고를 막기 위해 젊은이들에게만 총을 나누어주고 총기 사용법을 비롯한 간단한 전투교육을 시켰다."(한국현대사사료연구소 엮음, 『광주오월민중항쟁사료전집』, 풀빛, 1990)

같은 날 오후 5시쯤에는 시민회관 앞 중앙광장에서 계엄군의 학살에 대항하기 위한 무장 자위대가 편성됐다. 이들은 스스로를 '시민군'이라 불렀다. 처자식이 없는 청년들을 중심으로 여섯 개조가 편성됐는데, 조원 한 사람당 태극기 1장과 카빈소총 1정, 실탄 36발, 탄창 2클립이 지급됐다. 작가 황석영이 대표 집필한 것으로 알려진 『죽음을 넘어 시대의 어둠을 넘어』(전남사회운동협의회 엮음, 풀빛, 1985)는 당시 편성된 시민군의 출신 배경을 한결 자세하게 적고 있다. "10대 후반과 20대가 주류를 이루었고, 30대와 40대 후반까지도 있었으며 [……] 그들의 직업은 직접 확인할 수 없었지만, 대부분은 노동자, 목공, 공사장 인부 등 직접 노동에 종사하는 사람들이거나 구두닦이, 넝마주이, 술집 웨이터, 부랑아, 일용 품팔이 등등이었다. 또한 교련복을 입은 고등학생들도 많았고 가끔은 예비군복을 입은 장년층들도 보였다."

광주시민회관

시민군과 '난입'의 정치학

회관 일대에 시민군 본부가 들어섰고, 5월 24일 도청으로 통합될 때까지 시내 순찰과 차량 등록 등 일시적이나마 치안 관련 업무를 담당했다. 이렇게 모인 시민군은 항쟁 후반 시민수습대책위원회의 권유에 따라 상당수가 무기를 반납하고 귀가했지만, 일부는 마지막까지 저항 거점을 지키다 최후를 맞았다. 광주에 진입한 계엄군이 5월 27일 아침 수도군단 상황실에 타전한 「광주상황보고서」는 당시 상황을 이렇게 기록한다. "03:30 작전 개시. 04:11 도청에 3공수 투입. 04:30 광주공원 7공수 투입. 04:55 도청 완전 점령. 05:05 광주공원 완전 진압. 05:22 도청 잔적 폭도 소탕 완료."

죽음이 예견되는 상황에서조차 총을 내려놓지 않았던 그 절박함의 실체는 무엇이었을까. 시인 황지우는 1980년대 초반 광주일고와 경북고의 야구경기 관람기를 빌려 쓴 시 한 대목에서 광주의 시민군을 편파 판정에 격분해 그라운드로 '난입'한, 앞뒤 재지 않는 청년들에 비유했다.

숫제 윗옷을 벗어버린 두 청년은 114미터 외야석에서 구장으로 뛰어내린다.
[······]
주심에게 항의하러, 외야 쪽에서 홈으로 달려들어온 휴가병은, 전경 경비대에 그대로 안긴 채 들려나간다.

1980년 5월 전남도청 앞에 모인 광주 시민들.

관중은 그에게 박수를 보낸다.

[……]

"아마, 제 목숨이 하나뿐이라는 사실을 잊어버린 사람들도 다
저런 사람들이었을 거야."

—황지우, 「5월 그 하루 무덥던 날」

말 그대로 그것은 '난입'이었다. 난입은 "매개를 거치지
않고 자격이나 근거도 갖추지 않은 채 장(場)에 뛰어드는 정치적
행동"(고병권, 『추방과 탈주』, 그린비, 2009)을 가리킨다. 날품팔이, 부랑아,
구두닦이, 노동자……. 애초부터 필드로 난입하지 않고선 목소리를
낼 기회 자체가 박탈된 사람들이었다. 오랜 기간 그들의 목소리는
누구에 의해서도 대표되지 않았고, 국가권력엔 정치·사회적 동원의
대상조차 되지 못했다. 이 '아무것도 아닌 자들'이 어느 날 갑자기
제 목숨 아까운 줄 모르고 역사의 그라운드 한복판에 총을 들고
난입한 것이다. 오랜 차별과 야만적 국가폭력에 노출된 지역민들은
박수를 보냈다. 이들을 하나의 공동체로 결속시킨 것은 19년 전
반란군 탱크에 짓밟혀 비명횡사한 '시민'이라는 이름이었다.

    항쟁은 진압됐지만, 난입자들이 온몸으로 현을 튕겨 빚어낸
비극적 선율은 회관에 뚫린 여덟 개의 울림구멍을 통과한 뒤
무등의 양익(兩翼)을 차고 올라 반도 전역으로 비산했다. 그 노래는
"조그마한 일에만 분개하"던(김수영, 앞의 시) 먼지보다 작은 존재들을
일깨워 '시민'이란 정치적 주체로 고양시켰고, 7년 뒤 제헌헌법이

시민회관으로 올라가는 계단 한편에 '시민군 편성지'였음을 알리는 작은 비석이
세워져 있다.

문자로써 선취한 시민적 공화의 이념을 불모의 땅에 착근시켰다.
현재 이 공간의 벅차고도 슬픈 역사를 증언하는 것은 회관으로
올라가는 돌계단 오른쪽에 "시민군 편성지"란 동판을 박아 세워놓은
작은 돌비석뿐이다. 그사이 시민회관은 노후화됐고, 대체 문화
공간이 곳곳에 건립되면서 기능적 수명마저 다했다.

문화 공간에서 (재)상연될 '시적 정의'
도심녹지 복원계획에 따라 2011년 철거 위기에 몰렸던 이 건물은
지역 문화계 인사들의 발의로 시민 아이디어 공모와 현상설계경기를
거친 뒤 2013년부터 리모델링 공사가 진행되었다. 옛 도청 일원에
들어설 국립아시아문화전당과 연계해 젊은이들의 창작·공연

공간으로 그 가치가 재생된다니 적이 반가운 일이다. 그러나 5월의 그 난입자들이 하나뿐인 목숨을 지불하며 구현해낸 '시적 정의'는 어떻게 될까. 관객의 처지에서 아쉬움이 남는 건 어쩔 도리가 없다.

> "광주일고는 져야 해! 그게 포에틱 자스티스야."
> "POETIC JUSTICE요?"
> "그래."
> [……]
> 나는 3루에서 홈으로 생환하지 못한, 배번 18번 선수를 생각하고 있었다.
> —황지우, 앞의 시

덧붙임

광주공원 시민회관 재조성 사업은 독특한 공모 방식과 시민의 참여를 끌어내 호평을 받았다. 그러나 실제 공사 과정에서 예산 부족으로 인해 시민회관이 위치한 광주공원 재조성까지를 포괄한 당초 계획안이 축소되는 등 부침을 겪었다. 우여곡절 끝에 2014년 12월 리모델링을 마치고 재개관했으나 공공의 기억이 담긴 시민회관을 광주 시민들의 일상과 호흡하는 문화 공간으로 재생하고, 그 역사성을 적극적으로 현재화하고자 했던 프로젝트는 미완으로 남았다.

살인 기계 빚어낸 애국적 판단 중지

노동자의 이름으로 시인이 묻는다.

> 성문이 일곱 개나 되는 테베를 누가 건설했던가?
> 책 속에는 왕의 이름들만 나와 있다.
> [……]
> 그리고 몇 차례나 파괴되었던 바빌론—
> 그때마다 그 도시를 누가 재건했던가?
> —베르톨트 브레히트, 「어떤 책 읽는 노동자의 의문」

자명한 진리를 재론하지 않겠다는 듯 시인은 말을 아낀다. 그러나 노동자가 지은 것이 찬란한 문명의 기념비들뿐일까. 감옥과 수용소를 짓고, 고문실과 처형대를 만든 것도 노동자였다. 그리고 그

노동의 배후에는 예외 없이 숙련된 건축가가 있었다.

짓는다는 일이 전문 직업으로 자리 잡은 이래 대부분의 건축가는 이 운명의 긴박을 벗어나지 못했다. 회화나 조각, 음악과 달리 태생적으로 돈을 지불하는 자에게 존재를 의탁하는 장르가 건축이었기 때문이다. 의뢰인은 대체로 권력자이거나 재산가였다. 신화 속 건축가 다이달로스 역시 크레타 왕 미노스로부터 일감을 얻는다. 미노스는 그에게 미노타우로스를 감금할 미궁(迷宮)을 짓게 하는데, 건축가의 손으로 빚어낸 첫 작품이 왕의 정적을 가둘 감옥이었다는 사실은 권력과 건축에 관한 정치적 알레고리로 읽어도 별 무리는 없어 보인다.

건축가, 다이달로스의 후예들

한국 현대건축의 한 시대를 풍미한 김수근도 동시대 권력을 위해 악명 높은 '치안 기계'를 헌정했다. 서울 남영동에 있는 치안본부 대공분실이다. 1976년 완공된 건물은 애초 5층으로 지어졌으나 1980년대 초에 7층으로 증축됐다. 이 건물은 1985년 김근태 당시 민주화운동청년연합 의장이 고문기술자 이근안에 의해 22일 동안 살인적 고문을 당한 곳이다. 1987년 1월 14일에는 서울대생 박종철이 5층 9호실에서 물고문을 받다 숨졌다. 물론 김수근은 박종철의 죽음을 알지 못했다. 사건이 있기 7개월 전 지병인 간암으로 타계했기 때문이다.

2000년대 중반 이 '고문 공장'의 설계자가 김수근이란
사실이 언론을 통해 알려졌을 때 제자와 지인들은 곤혹스러워 했다.
누군가는 거장이 남긴 졸작에 큰 의미를 부여하지 말라고 했다.
건축가의 설계를 실무자가 변경했을 것이란 선의의 추측도 나왔다.
건물을 악용한 사람들을 비난할 일이지, 건물 자체를 두고 시비를
걸어선 안 된다며 '사용자 책임론'을 펼치는 이도 있었다.

　　그러나 부인할 수 없는 사실은, 유신 정권이 김수근을 지목해
설계를 의뢰했고, 김수근은 이에 부응해 '간첩 잡는' 대공수사기관의
업무에 최적화된 공간을 만들어냈다는 점이다. 2005년부터 경찰청
인권센터로 사용 중인 이 건물에는 1970년대 김수근 건축을
특징짓는 조형 언어들이 또렷이 각인되어 있다. 외부를 벽돌로
마감한 것은 앞서 '공간사옥' 구관에서 시도된 것인데, 공간사옥에
쓰인 회색 전돌 대신 이곳에선 검은 벽돌을 사용했다. 사각 창을
외부로 돌출시켜 입체감을 주고, 폭이 좁은 세로 창을 연속해 배치한
것, 주 출입구를 왼쪽 모퉁이로 몰아 내부로 함몰시킨 뒤 왼편
부속 건물과의 교차 지점에 개방 공간을 조성한 점도 공간사옥과
유사하다. 심지어 완공 당시의 층수도 공간사옥과 같은 5층이어서,
건축가 조한은 이 건물에 '공간사옥의 이복동생'이란 별칭을
붙이기도 했다.

　　검은 벽돌을 주재료로 사용한 것에 대해선 견해가
엇갈린다. 공포심을 유발해 심리적 저항 의지를 약화시키려는
장치라는 주장이 있지만, 신뢰할 만한 해석은 아니다. 외형을

검은 벽돌로 마감된 외벽과
5층에 연속 배열된 세로
창호가 특징적이다.

현재는 경찰청 인권센터로 사용되고 있으며 박종철기념전시실,
인권교육관 등이 자리해 있다.

통해 압도할 작정이었다면 '해양연구소'라는 위장 간판을 달아
건물의 정체를 숨길 이유도 없었을 것이다. 김수근은 1960년대
말 한국과학기술연구원 본관에 벽돌을 처음 쓴 뒤 1970년대
내내 벽돌을 이용한 조형 실험에 몰두했다. 그즈음 김수근은 한
인터뷰에서 "나는 벽돌이 지니고 있는 따뜻함을 사랑한다. 우리는
벽돌을 한 장 한 장 손으로 쌓아야만 하고, 이것은 나에게 [건축이]
무한히 인간화되는 과정을 상징한다."(김수근문화재단 엮음, 『당신이
유명한 건축가 김수근입니까?』, 공간사, 2006)고 말하기도 했다.

공포를 설계하는 공간

이 건물에서 눈여겨볼 부분은 건물의 외부가 아닌 내부 구성이다.
특히 조사실이 들어선 5층은 창의 크기와 각 방의 출입문 위치,
조명등의 종류와 기능에 이르기까지 설계자의 세심한 계산과
고려가 엿보인다. 복도를 사이에 두고 양쪽으로 배치된 열여섯 개의
조사실은 마주 보는 방의 출입구가 엇갈리게 배치돼 동시에 문이
열리더라도 맞은편에서 조사받는 사람이 누구인지, 그 안에서 어떤
일이 벌어지는지를 전혀 알 수 없게 되어 있다. 동선의 흐름과 시선의
움직임까지 고려한 치밀한 공간 설계다.

조사실마다 두 개씩 설치된 세로 창은 폭이 20센티미터
정도로 사람의 머리가 통과할 수 없다. 추락이나 투신을 막기 위한
고려로 보인다. 조사실마다 설치된 욕조 또한 용도가 미심쩍다.

가정집이나 숙박업소에 설치된 것에 비해 유난히 길이가 짧아 성인이 들어가 앉으면 다리를 뻗기가 어려울 정도다. 목욕물을 받기 위한 쓰임새가 아닌 것만은 분명하다. 벽은 내부 소음이 밖으로 새나가지 않도록 철제 흡음제로 마감했고, 조명등은 자해를 막기 위한 목적인 듯 내부로 밀어 넣은 뒤 철망으로 막아놓았다.

특징적인 시설을 하나 더 꼽으라면 1층 후면에서 5층 조사실 복도로 이어지는 철제 원형 계단이다. 건물로 이송된 피의자들은 정면의 주 출입구가 아닌, 후면의 쪽문과 이어진 원형 계단을 통해 5층 취조실로 이동했다. 계단실은 중세 수도원의 첨탑과 비슷한 구조인데, 이 건물에서 조사받은 피해자들은 수사관들에게 이끌려 가파른 계단을 돌아 올라가는 동안 방향감각을 상실한 채 극도의 불안과 공포감에 휩싸였다고 진술한다.

흥미로운 사실은 같은 형태의 원형 계단이 앞서 지어진 공간사옥에도 설치돼 있다는 점이다. 김수근은 사옥의 3층과 5층 사이에 벽돌로 수직의 원통을 쌓은 뒤 중앙에 강철심을 세우고 철계단이 나선을 그리며 상승하는 밀폐형 통로를 꾸몄다. 지인들이 펴낸 추모 문집에는 김수근의 안내로 다락 밀실을 구경하는 '특권'을 누렸던 이들의 회고담이 나오는데, 이 원형 계단을 따라 이동하는 동안 형언하기 어려운 흥분과 신비감을 느꼈다고 그들은 고백한다. 건물주의 사생활을 보호하기 위한 밀폐형 계단실이 그 맥락을 이탈해 수사기관의 건물에 배치되는 순간, 공포를 유발하고 신체를 길들이는 훈육 장치로 작동하게 된 것이다.

위 후면의 둥글게 말린 벽체에 나 있는 작은 출입 공간과 서로 엇갈리게 배치된 조사실의 출입구.

가운데 조사실의 조명등과 철제 흡음제.

아래 박종철 열사가 고문을 받다 숨진 509호 조사실에는 그의 영정이 모셔져 있다.

김근태는 1988년 펴낸 수기 『남영동』에서 1985년
9월 이곳에서 고문받던 당시 "죽음의 그림자가 드리울 때마다
아우슈비츠를 떠올렸다."고 술회했다. 고문대에 알몸이 되어
결박되는 순간부터 그는 모든 권리와 존엄이 박탈된 '벌거벗은
생명'에 불과했다. 입시생 자녀의 학업이나 노모의 건강을
걱정해가며, 지극히 사무적인 움직임으로 타인의 신체와 정신을
파괴해가는 기술자들 앞에서 김근태는 해나 아렌트가 말한 '악의
평범성'을 떠올렸을지도 모를 일이다.

반공 기계장치에 부속된 윤리적 무감각
건물 설계의 어느 수준까지 김수근이 관여했는지는 알려진
바가 없다. 확실한 건 1970년대 들어 주문량이 폭주하자
아틀리에 방식으로 운영되던 김수근의 사무실도 100명이 넘는
대규모 조직으로 개편이 불가피해졌다는 사실이다. 『김수근
건축론』(시공문화사, 1999)을 쓴 정인하는 "당시 김수근은
실무자들에게 많은 재량권을 주면서도, 작품에 대한 명확하면서도
구체적인 개념 혹은 스케치를 실무진에 넘겨 자신의 의도를
관철하는 방식을 취했다."고 전한다. 설사 김수근이 세부 설계에
깊숙이 관여했더라도 그 공간이 잔혹한 고문 시설로 사용되리라는
데까지는 생각이 미치지 못했을 것이란 견해도 있다. 그러나 공간의
용도를 충분히 예견 못한 정치적 태만함이 설계자의 윤리적
무감각에 면죄부를 줄 수 없다는 반론도 만만찮다.

남영동 대공분실

5층 조사실로 올라가는 철제 나선형 계단. 방향감각을 잃게 만드는 좁고 가파르고 밀폐된 공간이다. 같은 형태의 계단이 앞서 지어진 공산사옥에도 설치돼 있다.

　　　　나치 시대 건축가 알베르트 슈페어(Albert Speer)는 유대인 학살에 관여하지 않았고, 그가 지은 건축물은 그 자체로 어떤 범죄나 폭력 행위에도 연루되지 않았다. 하지만 당대의 일급 건축가로서 최고 권력자의 의뢰를 받아 건물을 지었다는 사실은 주홍글씨처럼 그의 이력 뒤에 따라붙었다. 실제 반인륜 범죄에 활용된 것은 나치의 권위주의 건축이 아니라 나치 정권이 볼셰비즘의 온상으로 지목해 폐교시킨 바우하우스의 합리주의 건축이었다. 기능에서 형태를 연역하려 한 이 극단적 이성주의자들의 미니멀리즘은 데이비드 하비(David Harvey)의 말대로 아우슈비츠를 위시한 '살인공장'들에 영감을 제공했다.

홀로코스트에 관한 가장 탁월한 연구서로 꼽히는 라울 힐베르크(Raul Hilberg)의 『홀로코스트 유럽유대인의 파괴』(김학이 역, 개마고원, 2008)에는 살인수용소를 지은 기업과 건축가들이 언급된다. '유대인 문제의 최종 해결책'이 제시된 1942년 아우슈비츠 건설 본부는 자체 인력으로 시설 수요를 감당하지 못해 베를린과 쾰른 등에 있는 민간 기업의 건축가와 엔지니어들을 동원해 막사와 가스실, 소각로를 지었다. 동원된 민간 전문가들은 자기들의 작업이 무엇을 위한 것인지를 짐작하면서도, 어떤 주저함이나 죄의식도 갖지 않는다. 어떻게 이런 일이 가능했을까. 폴란드 출신의 사회학자 지그문트 바우만(Zygmunt Bauman)의 분석은 이렇다. "폭력의 사용은 그 수단들이 목적에 대한 도덕적 평가로부터 분리될 때 가장 효율적이고 비용 효과적으로 작동한다. 그러한 분리는 나란히 진행되는 두 과정의 결과로서 나타나는데, 첫 번째 것은 꼼꼼한 기능적 분업이고, 둘째 것은 도덕적 책임성의 기술적 책임성으로의 대체다."(『현대성과 홀로코스트』, 새물결, 2008)

대규모 국가 프로젝트에 빠짐없이 참여하고, 정부가 주는 감투를 여럿 썼던 김수근이지만 그가 유신체제에 적극 협력했다는 증거는 없다. 그는 예술인이자 엔지니어요, 설계 사무실과 잡지사, 소극장을 운영한 사업가였다. 그는 주어진 설계 용역을 최선을 다해 완수함으로써 지속적인 일거리를 확보하고, 이를 통해 직원과 제자들을 먹여 살리는 한편, 틈나는 대로 재능 있는

남영동 대공분실

예술가를 후원해 일국의 문화 수준을 살찌우는 '서울의 로렌조'를 꿈꿨는지도 모른다. 그러나 이런 김수근의 작업이 유신체제라는 '사회적 기계'를 구동하는 기계장치의 일부였다는 사실이 부정될 수는 없다. 유신체제는 "총화 단결"이란 구호가 물질화돼 작동하는 거대한 '반공 기계'였다. 이 시스템 안에서 주부는 살림하고, 학생은 공부하고, 노동자는 기계 돌리고, 예술가는 창작하고, 경찰은 범인 잡고, 판사는 판결했다.

애국 앞에 작동 멈춘 도덕적 판단 회로

공적·사적 영역에서 이뤄지는 지극히 일상적인 실천들은, 그러나 '우리'와 상극인 '타자'들이 눈앞에 제시되는 순간 스스로 움직이는 '고발 기계', '고문 기계,' '살인 기계'로 돌변해 인간을 파괴했다. 극단적 반공체제 아래서 그 타자들은 '간첩', '빨갱이', '용공분자' 따위로 불렸다. 건물 구석구석에 그토록 치밀한 디테일을 박아 넣은 김수근과 설계팀이 그 공간에서 펼쳐질 끔찍한 상황에 대해 아무런 인식조차 없었을 개연성은 극히 낮다. 그러나 그들의 도덕적 판단 회로는 '간첩 잡는 나랏일'의 위중함 앞에서 작동을 멈췄다. 그 '애국적 판단 중지'가 비극을 낳기까지는 긴 시간이 필요치 않았다.

불균등 발전의 기념비적 표상

푸른 비닐 차양 아래는 길게 늘어선 하차객들로 북적거렸다. 장거리 여행의 피로감 탓인지, 다시 시작될 고단한 일상에 대한 불안 때문인지, 양복과 양장을 갖춰 입은 필사적 노력도 안면에 팬 골 깊은 타향살이의 그늘을 가리기에는 역부족이었다. 가끔 초등학교 교사처럼 차려입은 중년 신사가 "예수천당 불신지옥"을 외치며 그들 곁을 맴돌았다. 하지만 정작 절실한 건 '현세의 집 한 칸'이지 '피안의 에덴동산'이 아님을 창신동, 봉천동, 가리봉 따위로 요약되는 그들의 행선지가 증언하고 있었다. 묵직한 보따리가 걸린 검고 투박한 두 손은 거친 노동이 새겨놓은 '계급의 낙인'이었다.

동서 차별의 정치적 풍경화, 호남선 터미널

터미널의 서쪽 골목길엔 군산이나 해남, 영암 같은 지방 도시
이름들로 옥호를 내건 선술집이 즐비했다. 술집 안은 차표를 끊고
서둘러 독한 술을 들이켜는 사내들로 떠들썩했으나, 억누른 변의를
해소하듯 술기운을 빌려 거칠게 내뱉는 남도 방언 사이사이엔
저릿하고 무거운 시대의 회한이 녹아 있었다.

　　지금은 사라진 옛 호남선 고속버스터미널은 지하 1층, 지상
2층의 평슬래브 건물이었다. 1978년 3월에 지어진 이 무미건조한
건조물의 탄생에는 서울시의 졸속 행정이 한몫을 담당했다.
애초 반포동 고속버스터미널의 5만 평 부지 가운데 3만 평은
고속터미널로, 2만 평은 시외버스터미널로 사용한다는 게 구자춘
당시 서울시장의 복안이었다. 그러나 고속버스와 시외버스를
한곳에 집결시키자 극심한 교통 혼잡이 빚어졌고, 서울시는 서둘러
시외버스터미널을 서초동(지금의 남부터미널)으로 옮기는 비상조치를
단행한다.

　　시외버스터미널이 사용하던 2만 평 부지를 인수한 것은
전남 고흥 출신으로 율산을 창업한 신흥 재벌 신선호였다. 1970년대
중반 중동에 시멘트를 수출하며 급성장한 율산은 이 자리에 350억
원을 들여 20층 규모의 터미널 복합건물을 세울 작정이었다. 하지만
1978년 급속하게 악화된 자금난으로 대합실과 정비고만 갖춰
졸속으로 지어 올린 게 옛 호남선 터미널이었다.

　　1981년 뉴욕 그레이하운드 터미널을 모방한 경부선

추석 귀성길에 오른 승객들.

구자춘 서울시장의 고속버스터미널 시찰 사진. 옛 호남선 터미널의 왜소함을 알 수 있다.

1977년 10월부터 시작된 고속버스터미널 지하도 공사 현장 사진. 마찬가지로 신축 이전 터미널의 모습을 볼 수 있다.

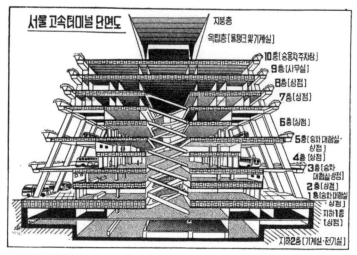

고속버스터미널 단면도. 경향신문(1981년 9월 28일자).

고속버스터미널이 완공되자 누추한 호남선 터미널은 지역 차별을
상징하는 정치적 풍경화로 자리 잡았다. 280억 원의 공사비가
투입돼 3년 만에 완공된 경부선 터미널은 일단 규모에서 호남선
터미널을 압도했다. 지하 1층, 지상 10층의 이 건물은 상층부로
갈수록 폭이 좁아지는 사다리꼴 형태로, 5층까지 버스가 올라가는
입체 구조물이었다. 여기에 백화점과 도매상가, 사무동까지 갖춰
하루 수용 인구만 25만 명에 달했다.

첨단의 시설도 자랑거리였다. 60개의 승차대와 28개의
하차대를 갖춰 42개 노선, 750여 대의 버스를 한꺼번에 수용할 수
있었고, 26대의 에스컬레이터와 23대의 엘리베이터는 내부 이동의

편의와 신속성을 보장했다. 옥상에 조성된 주차장까지는 3대의 차량 리프트가 운행됐다. 차량의 진·출입과 대기 정보를 실시간 처리하는 전산 체계와 폐쇄회로텔레비전(CCTV)과 연동한 차량 통제 시스템은 공항의 첨단 관제 시스템이 부럽잖았다.

실질적 건축주였던 국가권력이 이 건물에 요구한 것은 기능적 편리함만이 아니었다. 그들이 원한 건 정치적 기념비였다. 이 점은 설계자 이강식이 완공 직후 언론사와 한 인터뷰에서도 드러난다. "기념비적인 인상을 주면서도 승객들이 평온감을 느끼고 편리하게 움직일 수 있는 기능적인 면까지 고루 갖추어야만 해서 무척 어려운 작업이었다."(「"서울의 관문으로 상징·기능 조화"」, 《경향신문》(1981년 10월 21일자)) 속성상 수평성이 두드러질 수밖에 없는 터미널 건물에 기념비성까지 담아내려 했으니 그 고민의 강도가 어느 정도였을지 짐작이 가고도 남는다. 건축가의 선택은 터미널 건물에 복합상가 기능을 더해 층수를 높이고, 테라스와 공중 진입로를 놓아 5층까지 승차 시설을 끌어올림으로써 몸체의 질량감과 수직의 상승감을 극대화하는 것이었다.

대역사의 상징적 마침표, 경부선 터미널

이런 기념비성은 안보와 발전을 명분 삼아 종신독재체제를 완성한 박정희 정권이 당대의 모든 공공 건축물에 요구한 제1의 덕목이었다. 게다가 건물이 착공된 1978년은 정부가 '1980년대 올림픽 유치'라는

잠정 목표를 세우고 물밑 작업을 서두르던 시기였다. 유신을 통해 취약했던 정당성의 기반마저 스스로 무너뜨린 박정희로선 국내의 정치적 불만을 잠재우고 국제사회의 우려를 희석시킬 대규모 스펙터클과 이를 뒷받침할 기념비적 도시경관이 어느 때보다 절실했던 것이다. 1979년 10월 8일 정부가 올림픽 유치 방침을 공식화하며 내건 명분도 "경제 발전과 국력을 온 세계에 나타내는 마당이 되며 [……] 국민의 일체감을 높일 수 있다."는 것이었다.

　　　고속터미널이 완공됨으로써 1970년 경부고속도로 개통으로 본격화된 고속버스 시대는 가파른 절정으로 치달았다. 1970년 1422만여 명이던 고속버스 이용객(서울 기·종점 기준)은 경부선 터미널이 완공된 1981년 처음으로 4000만 명을 돌파한다. 정부가 터미널의 외형에까지 과도한 의미를 심으려 했던 데는, 그것이 고속도로 건설이란 정권 차원의 대역사에 정치적 종지부를 찍는 조형물이란 점도 적잖게 작용했던 것으로 보인다. 고속도로는 기실 박정희 정권이 최대 치적으로 내세우는 국책사업이자, 국토 이용에 질적 변화를 가져온 거대 토목사업의 시초였다. 집권 세력이 여론의 반발을 무릅쓰고 무리한 역사를 일으킬 때마다 단골 사례로 인용("경부고속도로도 초창기엔 야당과 언론의 거센 반대가 있었다.")하는 것을 보면, 그것이 지닌 정치적 상징으로서의 생명력은 여전히 이어지고 있다.

　　　고속도로 개통은 1905년에 뚫린 경부철도만큼이나 한국인의 시공간 경험에 균열을 가져온 사건이었다. '꿈의 속도'로

건설 중인 경부고속도로의 항공사진. 직선으로 뻗은 도로를
보는 것만으로도 속도감이 느껴진다.

여겨지던 시속 100킬로미터는 이제 마음만 먹으면 경험할 수 있는 일상의 속도가 됐다. 꿈을 실현하는 데는 단돈 130원(1969년 서울-인천 고속버스 요금)이면 족했다. 병영사회의 규율에 짓눌려온 불우한 청년들은 명품 스포츠카 대신 명견 그레이하운드 로고가 새겨진 2층버스에 올라 '하이웨이 스타'의 해방감을 만끽했다. 이 시절 전국의 고속도로는 최고 시속 120킬로미터의 미국산 '그레이하운드'와 140킬로미터의 일본산 '후소', 독일산 '벤츠'가 각축하는 레이싱 트랙이었다.

　　　　고속도로의 효과는 사람들이 겪는 시공간 경험의 차원에만 머무르지 않았는데, 압축적 근대화에 박차를 가하던 극동의 변방 국가에 데이비드 하비가 말한 '시공간 압축'을 지리적으로 구현한 것이 고속도로였다. 고속도로는 연결된 지역에 60퍼센트 정도의 거리 단축 효과를 가져다줬다.(김호정·정일호, 「고속도로망 구축의 심리적 국토공간 거리단축 효과」, 《국토정책 Brief》 제192호(2008년 8월)) 역으로 이는 도로망에서 배제된 지역에 그만큼의 거리를 이격한 것이기도 했다.

시공간 압축이 빚어낸 불균등 발전

하비에 따르면, 도로나 철도 같은 교통망은 인적·물적 자원의 이동에 동반되는 '거리의 마찰'을 감소시킨다. 운송비를 절감하여 제품의 가격 경쟁력을 높일 뿐 아니라 투입된 자본의 회전

기간을 단축하여 사회적 평균 이상의 이윤 확보를 가능케 하는데, 결과적으로 초과이윤을 추구하는 자본의 지리적 집중을 공고화한다. 경부고속도로 건설은 그 의도가 어찌됐든 경부축을 중심으로 국토 공간을 구획함으로써 포섭된 지역(서울, 경기, 충남, 경북, 경남, 부산)과 배제된 지역(강원, 충북, 전북, 전남)의 격차를 확대하는 결과를 낳았다.

경부고속도로 건설 계획이 발표되던 당시 비판론의 핵심도 사업의 우선순위, 추진 방식과 관련된 것이었다.(김대중을 위시한 당시 야당 지도자들이 고속도로 건설 자체를 극렬 반대했다는 주장은 악의적 선동에 가깝다.) 이런 사실은 "국토를 균형 있게 개발시키지 않는 데 불만을 가지고 있지만, 이 경부고속도로 자체는 대통령 그분의 이름과 더불어 남을 거대한 사업으로 우리나라 경제, 사회 모든 분야에 형언할 수 없는, 또 군사 면에서도 중대한 영향을 미칠 민족적 사업이 될 것"이라고 한 김대중의 발언(1967년 12월 9일 국회 건설위원회 회의록)에서도 확인된다. 김대중은 하루 전인 12월 8일에는 "경부고속도로와 또 중간에서 호남 지방으로 가는 고속도로를 병행해서 집행함으로써 혜택이 모든 국민에게 돌아가도록 정부가 약속한 균형된 국토 건설이 명실상부하도록 계획을 추진할 용의는 없는가."라고 질의하기도 했다.

건립 주체들의 의도가 무엇이었든, 3년의 시차로 들어선 두 고속버스터미널의 극단적 대비는 1970~1980년대 한국 사회의 시공간 압축과 불균등 발전이 그려낸 '두 폭 제단화(Diptych)'였다.

그 시절 낡고 더러운 호남선 터미널을 벗어나기 무섭게 맞닥뜨리는 경부선 터미널의 압도적 위엄은 1980년 '피의 기억'을 간직한 호남선 승객들의 가슴에 '이등 시민'의 열패감을 심어놓는 잔혹한 배제의 경험이었다.

과시적 건축물의 숙명

그러나 경부선 터미널의 화려했던 시절도 오래가지 못했다. 기념비성이 필요와 기능을 압도한 과시적 건축물의 숙명이었다. '입체성'의 표지였던 3층과 5층 승차장은 1988년과 1992년 차례로 폐쇄됐다. 버스가 올라가는 경사로와 승차장의 지지 구조체에 심각한 균열이 발견됐기 때문인데, 움직이는 버스 하중을 계산하지 않은 졸속 시공의 결과였다. 승차장 용도를 다한 3층과 5층에는 화훼상가와 웨딩홀이 들어섰지만, 그 위층부터는 죽은 공간이 돼버렸다. 5층 승차장이 폐쇄된 1988년에만 6~8층의 점포 1764개 가운데 500개 넘는 곳이 문을 닫았다. 한때 희극인 남철과 남성남이 나와 '동양 최대의 의류 도매상가'라 선전하던 이곳은 지금까지도 셔터를 내린 곳이 영업 중인 점포보다 많다. 주차장이 있던 10층도 황량하기는 마찬가지여서 2000년대 초 서울시가 녹지 확충 사업의 일환으로 옥상정원을 조성했지만 하루 방문자 수는 손으로 헤아릴 정도다.

그사이 옛 호남선 터미널은 첨단 하이테크 복합 건축물로

위 경부선 터미널 상가 전경과 옥상정원의 모습.

아래 세련된 외관의 센트럴시티. 쇼핑몰, 고급식당가 등의 소비
공간이 입점했다. 시간이 흘러 경부선 터미널과 호남선 터미널의
풍경이 자아내는 대비 효과는 역전되었다.

재탄생했다. 천정부지로 치솟은 강남 지가 덕에 재기에 성공한 율산 가문이 2000년 낡은 2층 건물을 헐어낸 자리에 터미널과 백화점, 컨벤션센터, 호텔 등을 갖춘 '센트럴시티'를 지어 올린 것이다. 쇼핑몰과 식당가를 통해 지하철 3, 7, 9호선과 연결된 터미널 대합실은 국제공항 못잖은 쾌적함을 자랑한다. 이로써 호남선 승객들의 의식에 각인됐던 배제의 격절감은 늦게나마 보상받은 셈일까. 그러나 강남의 옛 호남선 터미널을 찾던 승객들 상당수는 그사이 부천과 성남, 안산 같은 변방의 외곽 도시로 밀려난 지 오래였다.

주류 세계를 향한 미완의 인정투쟁

서울 강북과 여의도를 잇는 교량은 세 개다. 동에서 서로, 강의
흐름을 따라 원효대교, 마포대교, 서강대교 순으로 다리들은
도열한다. 강북의 중심인 광화문에서 차를 몰아 여의도를 가려는
사람이라면 열에 아홉, 서대문과 공덕오거리를 지나 마포대교로
진입하는 행로를 택한다. 거리가 짧고 노폭이 커 다른 길에 견줘
교통 체증도 덜한 까닭이다. 이 루트는 버스와 승용차가 대중화되기
전 청량리와 마포를 잇던 전차 노선이었다. 도원빌딩은 대교에
오르기 직전, 마포로 동편의 사무용 건물들 사이에 단아한 매무새로
자리 잡고 있다. 고층부에 오르면 다리 너머로 휘황한 여의도의
스카이라인이 잡힐 듯 펼쳐진다.

'통일'과 '융합'의 감수성

도원빌딩은 지하 4층, 지상 15층짜리 오피스 빌딩이다. 서울올림픽이
열린 1988년 완공됐다. 형태가 특이하거나 외장이 화려한 것도
아니어서 딱히 행인들의 시선을 잡아끌지 않는다. 건물의 설계자는
한국 건축계의 기인으로 꼽히는 엄덕문이다. 경남 통영에서
태어나 일본 와세다 고등공업학교(현 와세다대학교 이학부)와
와세다대학교 건축과를 졸업한 그는 일본 가지마건설을 거쳐
해방 뒤 주택영단(대한주택공사의 전신)에서 일하며 건축가의 이력을
쌓아나갔다. 세종문화회관(1978)을 비롯해 소공동 롯데호텔(1979),
과천 제2정부종합청사(1980), 리틀엔젤스예술회관(1981) 등 한국
현대건축사에 이름을 남긴 굵직한 작품들이 그의 것이다. 한때
건설업에 뛰어들어 일성건설이란 회사를 경영했는데, 도원빌딩은
그가 이 회사 대표이사 시절에 남긴 사실상의 유일한 '작품'이다.

옥상부에 걸린 '통일'이란 사인보드는 이 건물의
소유주를 가리킨다. 건물주는 통일교의 기업집단인
통일그룹이다. 세계기독교통일신령협회유지재단을 위시해
세계평화통일가정연합선교회, 통일교 역사편찬위원회, 용평리조트
등 통일교 관련 기구 및 기업들이 다수 입주해 있는 것도 이
때문이다. 건물을 지을 당시 엄덕문은 통일교의 열성 신도였다.

통일교는 알려진 대로 교주 문선명이 이끌던 개신교 계열
소종파다. 엄덕문이 통일교에 입교한 것은 문선명과의
친분 때문이었다. 엄덕문이 와세다 고등공업학교 건축과를 다닐

때 문선명은 같은 학교 전기과에 적을 두고 있었다. 두 사람은 전쟁이 한창이던 1951년 부산의 피난지에서 조우한다. 거처가 없는 문선명을 위해 산동네에 A형 오두막을 지어준 뒤 한동안 동숙했다. 이때 엄덕문은 문선명의 종교관에 감화를 받아 통일교에 입교한 것으로 알려진다. 단지 신도에 머무르지도 않았다. 그는 '사도'였다. 일본 출장 중에도 현지에서 통일교 관련 행사가 열리면 따로 시간을 내 일본 통일교인에게 안수기도까지 할 만큼 적극적이었다.

이런 종교적 정체성은 그의 건축 활동에 제약 요인으로 작용했다. 통일교에 대한 국내외의 부정적 인식이 워낙 강한 탓이었다. '일급 건축가' 반열에 올라선 뒤에도 주류 개신교단은 그에게 교회 설계를 의뢰하지 않았다. 이런 상황은 그가 통일교를 떠나 주류 개신교의 품으로 귀의한 뒤에도 달라지지 않았던 것으로 보인다. 그가 타계하기 수개월 전 서울의 한 개신교회 현상설계에 그가 대표로 있던 '엄&이' 건축이 응모했으나 교회 쪽은 통일교인에게 설계를 맡겨 성전을 더럽힐 수 없다며 그의 설계안을 탈락시켰다.

건축계에선 이런 그의 통일교 활동이 건축가로서 가장 원숙한 역량을 발휘할 시기인 1980~1990년대를 엄덕문 건축의 침체기로 이끌었다는 부정적 평가가 많다. 실제 한국적 전통을 현대적으로 재해석한 1970년대의 수작들은 이후 더 이상 나오지 않았다. 1978년 완공된 세종문화회관은 한국 전통 건축의 어휘를 동시대 감수성에 맞게 성공적으로 재해석한 작품으로 평가받는다.

마포 강변에 위치한 도원빌딩은 극도로 절제된 미니멀리즘의 미학이 은근한
매력을 발산한다.

그가 이 건물에서 시도한 전통의 현대화는 부여박물관(김수근,
1970)처럼 왜색 시비에 휘말리거나, 국립민속박물관(강봉진, 1968)처럼
'고건축의 무분별한 짜깁기'란 비난에 시달리지 않았다. 특히 기와나
붉은 기둥을 사용하지 않고도 서까래와 공포, 문살무늬 같은
고건축의 디자인 요소를 안마당이란 전통 공간 개념과 접목시킨
것을 두고선 '한국적이면서 서구적인 퓨전 양식의 정수'라는 절찬이
쏟아졌다.

하지만 1970년대 엄덕문이 남긴 수작들도 그의 종교적
정체성과 무관한 것으로 단정 짓는 것은 성급해 보인다. 무엇보다
통일교의 가장 큰 특징은 서구 기독교와 동양(한국) 사상을 융합시킨
퓨전 종교라는 데 있었다. 교회 이름에 포함된 '통일'이란 말 자체가
'종교 통일'과 '사상 융합'을 염두에 둔 것이었다. 이런 혼합 종교적
특성은 한국의 개신교 소종파들에 일반적인데, 통일교의 뿌리인
1920년대 함경도 지역의 개신교 신비주의 그룹 역시 전통 무속
신앙의 강신 체험과 민족주의적 선민사상이 서구적 종말론과 결합된
전형적인 혼합 종교의 양상을 띠고 있었다.

잡히지 않는 중심의 자리

1990년대 후반 교단명을 '세계평화통일가정연합'으로 바꾸고
'초종교·초국가' 담론을 채택하기 전까지의 통일교 역시 기독교의
구원론과 종말론을 민족주의적 선민사상과 결합해 '재림예수가
한국에 온(왔)다.'고 주장하는 개신교계 소종파의 전형적 교리 체계를
갖고 있었다. 개신교 소종파의 이런 흐름은 교권화된 기성 교회에
대한 불만과 영적(신비주의적) 체험에 대한 열망에서 싹튼 해방 전
신비주의 그룹이, 한국전쟁의 참화와 극심한 빈곤의 경험 속에서
종말론적 계기와 만나고, 때맞춰 강력한 카리스마를 지닌 지도자들이
등장하면서 형성된 것이었다. 이런 소종파들 다수가 기성 교계의
배제와 공격, 내부 윤리 문제로 인한 사회적 파문을 겪으며 명멸을

도원빌딩을 설계한 엄덕문의 대표작인 세종문화회관. 전통 건축의 요소들을
현대적으로 재해석한 수작으로 꼽힌다.

거듭했지만 통일교는 예외였다. 일찍부터 해외 포교를 시작해 일본과
미주 지역으로 교세를 확장하고, 정치, 경제, 교육, 언론 등의 분야로
진출해 '종교·기업 복합체'의 안정적 기반을 확보한 것이다.

　　도원빌딩은 1950~1960년대 국내에서 배척당한 통일교가
해외에서의 성공을 배경으로 국내에 새롭게 기반을 다져나가려던
시기, 통일교의 본부 건물로 세워졌다. 빌딩이 들어선 마포로의 당시
이름은 '귀빈로'였다. 옛 지명이나 행정구역명과 무관한 이름이 이
도로에 붙은 것은 김포공항에 내린 외국인들의 도심 진입로라는
단 하나의 이유 때문이었다. 1986는 2월 15일 기공식에 참석한

문선명은 "지금까지는 세계적 기반을 닦기에 바빴지만, 이제부터는 [국내에] 집중적인 실적 기반을 준비하기 위해 도원빌딩을 짓는 것"이라며 바닥석의 재질과 변기 색깔, 계단의 폭 등 세세한 부분까지 지침을 내린다. 2년 뒤 열린 준공식에서는 "미국과 일본에서 많은 빌딩을 산 뒤 한국에 와 도원빌딩을 지었지만 [돈이 얼마든지 있음에도] 땅을 조금밖에 살 수 없어 이렇게 작은 빌딩을 짓게 된 것이 부끄럽다."(세계평화통일가정연합역사 편찬위원회, 『참부모님 생애노정. 8』, 성화출판사, 2001)는 심경을 토로한다.

통일교는 실제 1976년 뉴욕 중심가의 42층짜리 호텔을 매입한 데 이어 같은 해 맨해튼에 3000명 수용 규모의 강당을 갖춘 맨해튼센터를 인수하는 등 미국과 일본, 유럽에서 대규모 부동산을 다수 매입해놓은 상태였다. 그런 통일교가 뉴욕도, 도쿄도 아닌 서울에 고작 15층짜리 빌딩을 본부 건물로 지어 올렸으니, 문선명의 자괴감이 어느 정도였을지는 짐작이 가고도 남는다. 게다가 통일교가 애초 물색한 본부 터는 마포가 아닌 여의도였다.

통일교는 일찌감치 지금의 LG 트윈타워 옆 공지 4만 6000제곱미터를 매입한 뒤 이곳에 43층짜리 통일교 세계 본부 건물을 지을 요량으로 엄덕문에게 의뢰해 설계안까지 마련했다. 하지만 개신교계 반발로 건축 허가가 나지 않았다. 정부는 1986년 한 해에만 다섯 차례나 건축 허가를 보류했다. 통일교는 결국 여의도 입성을 포기하는 대신 여의도로 이어지는 마포대교의 진입로에 도원빌딩을 지었다.

엄덕문이 서울 여의도에 지으려고
한 통일교 본부 계획안.

견고한 석물에 새겨진 전통의 재해석

건물의 전반적 인상은 평이하다. 그러나 그 평이함 속에는 극도로
절제된 미니멀리즘의 미학이 은근한 매력을 발산한다. 이곳에선
상승과 하강의 기운이 끝없이 길항한다. 3층 하단에서 시작해
15층까지 가지런히 뻗어나간 열 줄의 수직 창은 천공을 향한 인간의
부단한 상승 의지를 드러내지만, 층고를 높인 옥상부의 두터운 수평
매스는 이 무모하고 달뜬 바벨적 욕망을 지그시 내리누른다.

　　　네 귀퉁이 부분은 정면과 측면 모두 과감히 창을
생략했는데, 이 덕분에 정면부는 석판에 음각된 세로쓰기
텍스트 같은 이미지를 풍기는 한편, 건물 전체는 견고한 석물의
인상을 부여받는다. 구약시대의 모세가 시나이 산에서 야훼의

창이 생략된 건물의 모서리 부분이 두꺼운 수평 매스와 함께 무게감을 더한다.

계명이 새겨진 석판을 받아 내려왔다는 십계명 설화에 대한 알레고리일까.(통일교는 문선명이 하느님의 계시를 받아 구약과 신약을 잇는 '성약'시대를 열었다고 주장한다.)

　　전통 건축의 의장 요소를 현대적으로 재해석한 엄덕문 특유의 건축 어휘는 이곳에서도 어김없이 반복된다. 주 출입구와 수직 창 상단부의 눈썹아치, 1층 외벽에 가지런히 매달아놓은 솥뚜껑 모양의 외등, 아치의 이맛돌에 새긴 봉황무늬 원판, 1층 로비 바닥과 천장에서 발견되는 떡살 문양이 그런 경우다. 엄덕문의 치밀함은 1층 로비의 화장실 문설주와 엘리베이터 계기판, 소화전 개폐문까지 건물 외부와 동일한 곡률의 눈썹아치로 디자인한 데서도 발견된다.

왼쪽 일렬로 뻗은 수직 창과 상단부의 눈썹아치. 눈썹아치 이맛돌에 봉황무늬 원판을 새겨 넣었다.

왼쪽 아래 1층 외벽에 매달아놓은 솥뚜껑 모양의 외등.

오른쪽 아래 천장의 떡살 문양. 전통 건축의 의장 요소를 현대적으로 재해석했다.

2층 회의실. 문선명 부부를 위한 안락의자가 눈에 띈다.

    도원빌딩 설계와 관련해 엄덕문은 1986년 한 건축 잡지와의
인터뷰에서 "마치 하나의 공예품 다루듯이 줄눈 하나까지 신경을
써가면서 전체적으로는 큰 면을 대담하게 처리하려고 한다. 심지어는
조명 기구 하나, 설비 하나까지 섬세하게 다루는 바람에 남들로선
무척 피곤할 것"이라고 진술한 바 있다. 이런 엄덕문의 태도는
스스로 고백했듯 통영의 나전칠기 장인이었던 부친의 영향으로
보인다.

순복음과 달리 통일교가 실패한 이유

도원빌딩 완공 뒤 통일교는 국내 기반을 빠르게 확장했다.
중앙일간지 《세계일보》(1989)를 창간하고, 종합대학교(선문대학교,
1993)도 설립했다. 2003년엔 종합 휴양 시설인 용평리조트를 인수한
데 이어, 종합병원인 청심국제병원까지 열었다. 하지만 최대 숙원이던
여의도 진출 문제는 좀체 풀리지 않았다. 결국 세계 본부를 지으려던
여의도 부지는 외환위기 직후인 1990년대 말 한 부동산 개발업체에
지상권이 넘어갔고, 통일교 본부가 아닌 국제금융센터(파크원)
건설공사가 시행사와 통일교 재단 간의 법정 공방을 겪으며 8년
넘게 진행 중이다. 통일교의 여의도 진출 좌절기는 유사한 '이단'
시비에 시달렸던 순복음교회가 여의도 입성 뒤 단일 규모로는 세계
최대 교회로 성장한 것과 뚜렷이 대비된다. 조용기의 순복음교회는
성공했는데, 문선명의 통일교는 왜 실패했을까.

종교학자들은 그 이유를 두 세력의 상반된 시민권 확보 전략에서 찾는다. 순복음교회가 주류 개신교의 교리적 경계를 넘지 않고 1970년대 중반을 기점으로 초기의 기복적 신비주의 대신 세속적 성공주의로 신앙 담론의 중심 이동을 결행한 것과 달리, 통일교는 해외에서의 성공과 안정된 사회경제적 기반에 대한 자신감을 토대로 초기의 종말론적 심령주의 기조를 유지한 채 개신교 교권 세력과 대결적 인정투쟁을 지속한 것이 한국 사회 주류 동맹의 집요하고 강력한 비토를 불렀다는 것이다.

주류 세계를 향한 소종파 집단의 인정투쟁이 한 천재 건축가의 비범한 열정과 만나 탄생한 도원빌딩은 여전히 다리 너머 중심 세계를 욕망하며 망부석처럼 마포 강변을 지키고 있다. 그 사이 엄덕문은 아내의 투병을 계기로 통일교와 관계를 단절했다. 2012년 7월, 조용히 죽음을 맞을 당시 그는 독실한 주류 개신교인이 되어 있었다. 그가 죽고 2개월 뒤 친구 문선명도 92년에 걸친 파란만장한 생을 마감했다.

2

공간
읽기

우리는 모두 노숙인이다

막차를 타려고 뛰어가는데

지하도 큼직한 기둥들 사이로

웅크린 돌덩어리들

아니, 인기척을 내는

소름 확 끼치는 거대한 짐승들 있다

순간 가슴 벌렁벌렁거리게 하는 이 고요

카타콤베

　　─김사이, 「카타콤베」

2008년 발표된 김사이의 시 「카타콤베」는 노숙인을 제재로 삼은
몇 안 되는 작품 가운데 하나다. 물론 노숙인이란 존재 자체가
작품의 주된 관심거리는 아니다. 시인이 문제 삼는 것은 노숙인을

대하는 사회적 시선이다. 이 시선에 포착된 노숙인은 인간이라기보다 사물("웅크린 돌덩어리들")이나 동물("인기척을 내는 거대한 짐승들")에 가깝다. 그래서 조우하는 순간 동정과 연민보다는, 혐오("소름 확 끼치는")와 두려움("가슴 벌렁벌렁거리게 하는")을 자아내는 존재다.

시인의 시상을 자극했던 장소가 서울의 어느 지하도였는지는 알 길이 없다. 당시 서울 도심의 어지간한 지하보도는 밤마다 비바람과 한기를 피해 쪽잠을 청하는 노숙인들의 피난처였다. 휘황한 밤의 지상 세계가 등 붙일 땅 한 뼘 허락하지 않으니, 최소한의 생물학적 대사 활동마저 중단하지 않으려면 땅 밑의 어둠 속으로 한사코 숨어드는 것 외엔 방법이 없었던 것이다. 광화문 지하보도는 당시도 지금도 서울의 노숙인에게는 도심의 몇 안 되는 밤의 은신처 가운데 하나다.

국내 기술진이 건설한 첫 번째 지하보도

광화문 네거리의 땅 밑을 관통하는 광화문 지하보도는 국내 기술진에 의해 건설된 첫 번째 지하보도다. 박정희 정권에 의해 '서울 요새화'가 본격 추진되기 3년 전인 1966년 10월 준공됐다. 폭 8~17미터, 길이 198미터의 이 지하 시설물을 건설하는 데 당시 돈으로 1억 6300여만 원이 들었다. 네거리 위로 궤도 전차가 다니던 시절이었다.

그해 봄 서울시장에 취임한 김현옥은 "육교와 지하도를

만들어 서울의 교통난을 해결하겠다."며 광화문과 명동 입구에서
지하도 공사를 동시에 시작했다. 광화문 지하도는 사거리의 네
개 방향에서 지반을 파 들어가는 방식이었다. 당시 시공사였던
대림산업은 "운행 중인 동대문~서대문 간, 남대문~효자동
간 전차를 중지시켜놓고 궤도를 철거한 뒤 완전 개착해 놓은
상태에서의 작업이었기 때문에 공기 단축이 무엇보다 요구되었고,
감독청인 서울시의 독촉도 성화같았다."(대림산업(주), 『대림 60년사』,
1999)고 전한다.

　　　　서울시가 완공을 서두른 건 그해 10월 1일 국군의 날
기념행사로 잡힌 기갑부대 퍼레이드가 반드시 광화문 네거리를
통과해야 한다는 청와대의 지시 때문이었다. 공사 자체가 말 그대로
군사작전이었다. 인부들은 공기를 맞추기 위해 밤샘 공사를 거듭했고
간신히 국군의 날 이틀 전인 9월 29일 공사를 마무리 지을 수
있었다.

　　　　수도의 한복판에서 벌어진 '국가적 사업'이었기에
개통식에는 대통령 박정희 부부와 국무총리까지 참석했다. 개통
전날인 29일 밤, 박정희가 서울시와 대림산업 쪽에 알리지 않은 채
경호원 몇을 데리고 지하도를 둘러본 뒤 서울시장 김현옥을 불러
금일봉을 하사했다는 얘기도 전해진다. 대리석을 붙인 콘크리트
기둥으로 지탱한 지하광장 천장에는 아크릴판으로 마감한 1500개의
조명등이 걸렸다. 드러난 겉모습만으론 김현옥이 "동양에서 가장
크고 아름다운 지하도"라고 자랑한 것도 무리는 아니었다.

　　　　　　　　　　　　　　　　　　　　광화문 지하도

광화문 지하도 공사 현장.

관건은 지하도 위를 지나갈 기갑 차량들의 하중을 지탱할 수 있느냐였다. 시공사 대림산업에는 현장 직원들을 지하도에 보내 균열 여부를 자세하게 살피라는 건축주(서울시와 청와대)의 엄명이 떨어졌다. "당시만 해도 기세등등한 군사정권 시대 아닌가. 공사 기간에 쫓겨 콘크리트 양생이 제대로 되었는지도 모르는 불안한 상태에서 현장 직원들은 지하도에 꼼짝없이 갇힌 채 국군의 시가행진이 중앙청을 지나 광화문 지하보도 위를 통과할 때까지, 또 그 뒤를 따르는 육중한 탱크부대가 지나칠 때까지 조마조마한 심정으로 기다려야만 했다."(위의 책)

위 광화문 지하도 개통식. 박정희 대통령, 국무총리 등 주요 인사가
참여했을 뿐만 아니라 많은 일반 시민들이 개통식에 참가하여 중심지에 생긴
대형 지하도를 둘러보았다.

아래 제18회 국군의 날 기념행사. 이날의 대규모 기갑부대 퍼레이드를 위해
지하도 완공을 그토록 서둘러야 했다.

죄 없이 벌받는 '선한 피해자'들

개통된 지하도는 서울 도심의 명물이 됐다. 서울시는 전담 관리 인력까지 배치해 지하도의 청결을 유지하는 데 힘을 쏟았다. 당시 일간지 기획 기사는 지하도 관리인의 고단한 일상을 이렇게 소개한다. "밤 12시, 통금에 쫓긴 술집아가씨의 하이힐소리가 멀어져 가고 지하도의 불이 꺼지면 두 아주머니가 청소를 시작하고 [……] 640평 넓은 지하도를 쓸고 닦고 나면 으레 새벽 3시가 넘는다."(「이색 직업전선(9) 지하도 관리인」,《동아일보》(1971년 8월 2일자))

관리인들의 업무는 청소와 시설물 유지, 보수만이 아니었다. '상부 지시'에 따라 주간에는 지하도로 내려오는 노점상을 막고, 통금 뒤에는 잠을 청하러 숨어드는 취객과 노숙인을 쫓아내는 일이야말로 서울시가 24시간 2교대로 관리 인력을 상주시킨 가장 큰 이유였다.

하지만 시간이 지난 뒤 상주 관리 인력은 철수했고, 광화문 지하도를 근거지로 삼는 불청객들도 하나둘씩 늘었다. 1997년 외환위기를 거치면서 이곳에 상주하는 노숙인 규모는 30여 명에 육박하게 됐다. 시 당국은 유동 인구가 가장 많은 도심 한복판의 지하도가 노숙인들로 들끓는 것이 달갑지 않았으나, 그들을 내쫓기에는 한계가 있었다. 당시만 해도 노숙인은 외환위기라는 불가항력적 재난이 빚어낸 '선한 피해자'로 인식되었기 때문이다.

시인 황인숙은 산문집 『인숙만필』에서 광화문 지하도에 신문지를 깔고 누운 노숙인들을 이렇게 묘사했다. "이렇게 겨울이 추운 나라에서 사람을 신문지에 싸서 시멘트 바닥에

2 공간 읽기

버려두다니. 그들에게 '죽어, 얼어, 부활할 거야'라고 농담이라도 건네는 건가? [……] 죄 없이 벌받는 사람이 많은 겨울이다. 죄 많은 겨울이다."(마음산책, 2003)

　　당시 이들은 공감과 조력이 필요한 대상이었다. 노숙인 정책의 줄기 역시 치료와 복귀에 맞춰졌다. 하지만 언제부턴가 이들은 공공의 공간을 무단 점유한 채 불편함과 불쾌감을 유발하는 파렴치한 존재, 범죄와 난동, 질병을 가져오는 위험 인자로 간주됐다. 그사이 대체 무슨 일이 벌어진 것일까.

도처에서 벌어지는 '비시민'들의 추방

2011년 여름, 서울역사에 머무르던 노숙인들을 코레일이 강제로 쫓아내는 일이 벌어졌다. 당시 코레일은 "시민 불편을 최소화하기 위한 조처"라고 강변했다. "노숙인 문제는 역사 안에서 재워준다고 해결되는 게 아니라 정부, 지자체 등에서 재활 지원과 쉼터 제공 등을 통해 풀어야 한다."며 정부와 지자체를 점잖게 꾸짖기도 했다.("「노숙인 마지막 쉼터 서울역 닫지 마세요」,《경향신문》(2011년 8월 22일자))코레일의 논리에도 수긍할 만한 구석은 있었다. 공공역사가 노숙인 보호시설이 아닌 이상, 기차역의 용도에 걸맞게 이용객의 편익을 증진하려 노력하는 것은 역사 관리자들의 당연한 책무였기 때문이다.

　　눈여겨볼 대목은 당시 코레일이 노숙자 퇴거를 정당화하기

위해 내세운 논리의 과감성이었다. 시민 불편을 최소화하기 위해
노숙인들의 퇴거가 불가피하다는 주장은 사실상 '기차역사에선
시민의 이용권이 노숙인의 인권보다 앞선다.'는 논리에 근거해
있었다. 이 지점에서 노숙인은 시민과 대립하는 위치에 놓이게
되는데, 여기서 추론할 수 있는 것은 노숙인은 '시민이 아닌 존재'로
간주된다는 사실이다. 이들이 볼 때 노숙인이 '비시민'인 이유는
단순하다. 주거가 없으니 주민등록에 등재되지 않고, 납세 같은
시민의 의무도 이행하지 않는다는 것이다.

하지만 핵심적 이유는 다른 곳에 있었다. 노숙인들에게는
'소비 능력'이 없다. 지그문트 바우만이 지적하듯 고용(노동)이 성장의
함수가 되지 못하는 사회('고용 없는 성장' 사회)에서 사람들은 노동
능력보다는 소비 능력에 의해 그 쓸모가 가늠된다. 어떤 기술을 갖고
있느냐보다, 소득이 얼마인지에 따라 사람의 가치가 판단된다는
얘기다. 바우만은 말한다. "빈곤층이 위반하는 규범은 고용의 규범이
아니라 소비 능력의 규범이다."(『쓰레기가 되는 삶들』, 새물결, 2008) 이
말에 따르면 노숙인은 소비자가 아니기 때문에 시민이 아니다.

더구나 이미 많은 공공시설물이 민간 자본 투자에 의해 복합
상업 공간으로 탈바꿈한 상황이다. 소비 능력이 없는 노숙인은 더
이상 역사나 지하상가 같은 공공시설물 주변을 일없이 배회해선 안
된다. 공공의 공간이 사유화됨으로써 그곳을 이용하던 약자들이
축출되는 사례는 과거에도 빈번했다. 집 없는 사람들이 점유하고
살던 국·공유지가 민간에 불하되면서 매입 능력이 없는 빈곤층은

위 진입로의 벽체.

가운데 광화랑.

아래 지하도 기둥을 따라
벌여놓은 좌판.

강제로 내쫓겨야 했다. 가로가 정비되고 보행로가 대규모 소비 공간으로 개조됨에 따라 강제 퇴거를 당하는 노점상들 처지도 마찬가지였다. 2000년대 중반 청계천이 복원되면서 30년 가까이 인근에서 영업해온 노점상들이 시 외곽으로 집단 소개된 경우가 대표적이다.

'비시민'의 추방은 도처에서 진행되고 있다. 공원 벤치에는 언제부턴가 높다란 턱이 생겨났다. 노숙인이 드러눕는 것을 막기 위한 용도였다. 가로변 인도의 진·출입로에도 수레의 이동을 차단하는 볼라드가 설치됐다. 보행로를 점유하는 노점상을 겨냥한 조처였다. 심지어 복원된 청계천에는 노숙인과 노점상의 출입을 막는 조례까지 만들어졌다.

광화문 지하도 역시 2004년 대대적 리모델링을 거쳐 내부 공간을 노숙이 어려운 구조로 뜯어고쳤다. 노숙인들이 잠을 청하던 진입로의 열주 구조는 벽체 형식으로 바뀌었고 지하 광장의 중앙에는 용도가 의심스러운 지하 화랑(광화랑)이 생겼다. 광화문 지하도를 거점으로 삼았던 노숙인들은 인근 태평로와 회현동의 지하보도로 근거지를 옮겼다. 근대 자본주의 초기 '엔클로저'를 연상시키는 사실상의 '추방'이요, '적출'이었다.

늘 존재하지만 보이지 않는

오늘날 도시위생학의 차원에서 이뤄지는 적출의 대상은 노숙인,

노점상에 국한되지 않는다. 철거민, 불법체류자, 전과자, 장기 실업자, 신용불량자, 비행 청소년, 중증장애인, 전문 시위꾼 역시 혐오와 불쾌감, 소요와 불안을 야기하기는 마찬가지인 까닭이다.

문제는 추방이 물리적인 것에 그치지 않는다는 점이다. 그것은 '인식적 추방'으로 이어진다. 폭력을 동반하는 물리적 추방은 사람들의 인식 속에 추방된 자들의 존재를 한층 부각함으로써 예기찮게 '추방된 자들의 귀환'을 가져오기도 했던 것이다. 그래서 오늘날의 권력은 추방된 자들을 인식의 장벽 바깥으로 몰아내는 데 한층 집요한 노력을 기울인다. 인식의 영역에서 추방하는 가장 손쉬운 방법은 이들을 보이지 않게 하는 것이다. 일단 눈앞에서 사라지면 관심에서도 멀어진다. 관심에서 멀어지는 순간 도덕적 공감도 불가능해진다. 이렇게 되면 추방된 자들이 아무리 고통과 부당함을 호소해도 '헛소리'와 '소음'으로 취급될 뿐이다.

오늘날 광화문 지하도는 신자유주의 소비사회에서 작동하는 배제와 추방의 메커니즘을 적나라하게 보여주는 공간이다. 그러나 일상화된 배제와 추방의 위험에서 자유로운 존재는 극소수에 불과하다. 청소돼야 할 '쓰레기들'의 목록에는, 노숙인뿐 아니라 소비사회의 규준과 척도에 미달하는 불행한 개인 누구라도 기입될 수 있기 때문이다. 이 점에서 노숙인은 가혹한 경쟁에서 상처받고 뒤처질 위험에 처한 이 시대 모든 사회적 약자를 지시하는 대명사와 다름없다. 우리는 모두 노숙인이며, 우리가 사는 곳이 광화문 지하도다.

늙어가는 모든 존재는 비가 샌다

늙어가는 모든 존재는 비가 샌다
비가 새는 모든 늙은 존재들이
새 지붕을 얹듯 사랑을 꿈꾼다
누구나 잘 안다 이렇게 된 것은
이렇게 될 수밖에 없었던 것이다
—심보선, 「슬픔이 없는 십오초」

서울 종묘공원에는 숱한 '왕년의 젊음들'이 상주한다. '성역화'라
불리는 대대적인 시설물 보수공사가 시작된 뒤 상주하는 노인 수는
격감했지만, 여전히 이곳은 황혼의 성지다. 이곳에 모여드는 이들은
대개가 추억을 먹고 산다. 공원 매점 앞 장기 좌판 주변에서 마주친
퇴역 군인 조철웅(78) 씨도 그런 경우였다. 서부전선 보병부대에서

성역화 공사가 시작되기 전 종묘공원은 외로운 노년의
사교 공간이었다. 공원 한쪽에선 언제나 장기나 바둑 경기가
벌어지고, 왕년의 서예 솜씨를 뽐내기도 했다.

대대장까지 마치고 전역했다는 그는 몸짓과 말투에서 야전 지휘관 출신이란 자부심이 한껏 묻어났다. "난 사병들한테 정말 잘 해줬어. 대신 장교들은 수틀리면 사정없이 조인트를 까버렸지."

친구와 점심을 먹으려 종로4가 단골 밥집으로 간다던 그는 주변에 무료급식소가 있고, 저렴한 밥집들도 많지만 거의 이용하지 않는다고 했다. "여긴 물이 안 좋아. 나이가 비슷하다고 아무하고나 어울릴 수 있나. 우리처럼 사회에서 쌓은 위신이 있는 사람들은 말년일수록 행동거지를 조심해야 해."

같은 시각, 종로2가 쪽으로 발걸음을 옮기던 최 모(84) 씨 처지는 앞선 조 씨와 사뭇 달라보였다. 탑골공원 옆 무료급식소를 가는 중이라고 했다. "사회에서 방귀 좀 뀌었다고 뻐기는 치들, 알고 보면 다 공갈이야. 왜 공짜 전철 타고 여기까지 나오겠어. 안 그래?" 주차장 쪽 나무 그늘 아래선 반쯤 실성한 것처럼 보이는 50대 남자가 제자리를 맴돌며 소리 내어 책을 읽고 있었다. 바로 옆에선 노인들 예닐곱이 장기판 주변을 에워싼 채 별다른 훈수도 없이 대국을 지켜보기만 했다.

국제화 기치에 발맞춘 녹지 확충

노인들이 종묘공원 일대로 모여든 것은 1980년대 후반 즈음이다. 이곳은 처음부터 '비 새는 늙은 존재들'을 위해 계획된 공간이 아니었다. 1985년 11월 개장 당시 이곳은 10대와 20대를 위한

'젊음의 광장'을 꿈꿨다. 대학로와 지리적으로 가깝고, 맞은편 세운전자상가나 인근 극장가의 주된 이용자가 젊은 층이라는 점에 착안한 것이었다.

서울올림픽을 3년 앞둔 그해, 서울에는 100곳이 넘는 시민 공원이 들어섰다. 올림픽을 전후로 서울을 방문할 외국인들에게 군부가 통치하는 저개발 독재국가 이미지를 심어주지 않기 위한 응급조치에 가까웠다. 1970년대 서울 도시계획의 최종 목표였던 '요새화'는 '국제화'라는 새로운 시대 가치에 자리를 내주어야 했다.

종묘공원 개장을 앞두고 게재된 한 칼럼은, 뉴욕은 고층 빌딩들이 늘어선 그 "좁은 맨해턴 섬에도 공원을 두는 여유를 잊지는 않았다."며 "서울의 번화가인 종묘앞에 새로운 시민공원이 문을 열었"는데, "도시 곳곳에 시민들이 녹음을 즐길 수 있는 공간이 늘어난다는 것은 좋은 일"이라고 의미를 부여했다.(「종묘공원」, 《경향신문》(1985년 11월 18일자)) 왕도 600년의 늙은 도시가 '녹지 위의 고층주거'라는 현대 도시의 이상에 근접해가고 있다는 만족감도 엿보인다.

종묘공원이 문을 연 1985년은 서울시가 선포한 '시민공원 확충의 해'이기도 했다. 종묘·원서·수송공원 등 도심 공원 네 곳과 근린공원 세 곳, 어린이 공원 90여 곳이 1985년 한 해에만 문을 열었다. 당시 서울시는 유신 말기인 1979년 1인당 4제곱미터에 불과했던 공원면적이 제5공화국 출범 5년 만인 그해 5.1제곱미터로 늘어났다는 사실을 대대적으로 홍보했다. 종묘공원을 뉴욕의

성역화 공사가 시작되기 전, 세운상가 옥상에서 바라본 종묘공원.
당시 이곳은 '3노(노인, 노숙자, 노점상)'의 근거지였다.

센트럴파크와 런던 하이드파크, 베를린 티어가르텐 등 선진 도심 공원에 견주는 관급 기사가 중앙 일간지의 메트로 면에 줄을 이었다.

'작은 센트럴파크'를 꿈꿨던 서울시의 포부는 처음부터 엇나갔다. 애초 시는 부지 전체를 녹지 공원으로 만들고, 지하에 주차 시설을 들일 계획이었다. 그러나 부족한 예산이 발목을 잡았다. 주차장 지하화 계획은 다른 도시미관 개선사업에 순위가 밀렸다. 결국 공원 부지의 절반이 지상 주차장에 할애됐다. 당연히 시민 반발이 뒤따랐다. 서울시는 "주차장에 주차선을 그리지 않고 시간을 정해 공연장으로 활용하겠다."는 여론 무마책을 내놓지 않으면 안 됐다.

크고 작은 시행착오가 있었지만 개장 초기 공원 점유자들은 지금처럼 노인 일색이 아니었다. 주간에는 인근 동대문경찰서 전경대원들의 시위 진압 훈련장으로 활용됐고, 해가 지면 가족 단위 나들이객이나 종로 데이트족의 쉼터로 용도 변경됐다. 주말엔 마당놀이 판이 펼쳐지고, 1987년 민주화 이후엔 간간이 합법화된 정치 집회가 열리기도 했다.

젊음이 빠져나간 곳, 노인들의 해방구

공원의 '사회적 생태계'에 눈에 띄는 변화가 시작된 건 1990년대 초중반이다. 종로를 사이에 두고 마주보던 세운상가가 용산전자상가에 밀려 쇠락의 길에 접어들면서 젊은 층 유입이 눈에 띄게 감소했다. 그사이 종로 유흥가를 찾던 20~30대마저 신촌과 홍대앞 등지로 발길을 옮겼다. 1992년 서울시가 민간 자본을 유치해 지하 주차장을 지으면서 숙원이었던 지상 공간의 완전한 공원화를 달성했지만, 빠져나간 젊은 층을 다시 불러들이기엔 역부족이었다. 때마침 노년층의 주 무대였던 탑골공원이 성역화 공사에 돌입하면서 '탑골파'의 엑소더스가 시작됐다. 1997년 4월엔 노인들의 지하철 무료 승차구간이 수도권 전역으로 확대되면서 수원, 인천, 의정부 등 주변 도시 노인들까지 밀려들어 종묘공원 일대는 '노인들의 해방구'로 자리매김했다.

　　종묘공원으로 통하는 종로3가역의 2014년 노인 무임 이용객 수는 하루 평균 1만 3900여 명에 달했다. 서울 시내 261개 지하철역 가운데 가장 많다. 역사 주변에서 만난 김용선(82) 씨는 의정부 호원동에 산다고 했다. 그는 매일 오전 9시 30분에 집을 나서 11시를 전후해 공원에 도착한다. "몇 년 전까지도 1호선 전철에서 보는 노인들 열에 아홉이 종삼에 내렸는데, 요즘은 제기동이나 청량리로 많이 몰려. 시장 구경하고 시간 보내다가 콜라텍 가서 여자 만나려는 거지." 그는 자신이 '청량리파'에 합류하지 못한 이유가 '돈' 때문이라고 했다. "청량리 가려면 5000원짜리 한 장은 쥐고 있어야 하는데 나한테 그럴 돈이 어딨나?"

　　종묘공원 노인들의 일상에 대해선 적잖은 문화기술지적 연구들이 이뤄졌다. 연구자들이 한결같이 지적하는 것은 이곳의 문화가 결코 동질적이지 않다는 것이다. 노인들은 이곳에서

종묘공원 근처에는 주머니 사정이 여의치 않은 노인들이 술잔을 기울일 수 있는
잔술집들이 많다.

자신들의 성향과 기호에 따라 몇 개의 하위집단을 이루고 부단한
경쟁과 결속을 통해 '변방에서의 유대감'을 형성한다. 내기 대국을
하거나 동전을 치고, 남다른 정치적 식견을 과시하는가 하면,
'박카스 아줌마'가 제공하는 성적 서비스를 구매해 억눌린 성욕을
해소한다. 어버이연합으로 상징되는 극단적 정치 활동 역시 유대감을
형성하고 자기애적 욕망을 공개적으로 분출하는 핵심 경로다.

　　　인의동 어버이연합 사무실을 찾는 것은 대체로 외롭고
타인의 인정에 목마른 가난한 노인들이다. 이 '노인 투사'들은,
"그 누구의 인정도 받지 못하는 사람은 자신의 존재와 삶의
가치를 확신할 수 없다."(『인정투쟁』, 동녘, 1996)는 독일 철학자 악셀
호네트(Axel Honneth)의 말을 곱씹게 한다. 타인의 인정을 받기 위한
투쟁은 평생에 걸쳐 지속되는데, 이런 인정을 위해 자신의 모든 것을

거는 자들을 일러 '속물'이라 한다. 속물은 타인의 인정을 구하는
과정에서 과시와 협잡과 기만도 마다 않는다. 이런 행태의 속물성이
생물학적 늙음과 만나면 '노추'가 된다.

　　1990년대 초 황지우가 남긴 「성요한병원」이라는 시는 인정에
대한 사람들의 병적인 집착을 경쾌하게 조소한다. 그는 정신병원에
입원한 처남의 병문안을 다녀온 뒤 이 시를 썼다.

> 결국, 사람이란 자기 알아달라는 건데
> 그렇지 못하니까 미쳐버린 거다
> 권력도
> 부부싸움도 그렇다
> 자기 알아달라는 치정이다
> [……]

여자만 보면 자기의 자지를 꺼내 보인다는 목수 김씨 이야기를

하면서도

그는 웃지 않고

나는 웃었다

병원을 나올 때에야

문 앞에 흰 석고 성자가 서 있었다

—황지우, 「성요한병원」

권위와 노추의 갈림길

노인과 약자에게 불친절한 이 시스템이 하루아침에 뒤바뀔 리
만무하니 당장 의지할 수 있는 것이라곤 적절한 양생술(養生術)과
욕망을 내려놓으려는 부단한 수행밖에 없는 것일까. 문화인류학자
김찬호는 "무(無)를 향한 정진"을 바람직한 노년의 태도로
이상화한다. "이 세상에 살고 있지만 반쯤은 저 세상에 이미 가서
살고 있는 영혼, 현실의 속물적인 이해관계를 넘어서 공정하고
투명하게 사리를 분별할 수 있는 안목, 영욕의 세월을 되돌아보면서
생애의 고결하고도 황홀한 기쁨을 빚어내는 내공……. 그러한
위상에서 노인의 권위도 되살아날 수 있다."(『생애의 발견』, 인물과사상사,
2009) 이쯤 되면 군자를 넘어 성자의 경지다. 여기저기 비 새는
범부들 처지에선 언감생심이다. 그런데 아무나 노력해 도달할 수
있으면 그것이 왜 군자의 도, 성자의 삶이겠나. 그러니 지레 겁먹거나

낙담하진 말 일이다. 군자나 성자가 못 되어도 외롭다고, 세상이 알아주지 않는다고, 목수 김 씨처럼 애먼 처자들 앞에서 바지춤 풀어헤치는 짓만은 피할 일이다.

덧붙임

2007년부터 장기간에 걸쳐 단계적으로 시행된 재정비 사업이 최근 마무리되면서 종묘공원의 풍경은 크게 달라졌다. 정비 공사와 단속 강화로 공원 내에서의 음주와 흡연, 돈내기 등이 금지되고, 노점, 좌판, 싼값에 바둑판을 빌려주는 일명 '떴다방 기원' 등이 사라지면서 노인들과 노숙자, 노점상들이 차지하고 있던 자리는 새로이 조성된 수목들과 산책로, 복원된 문화재로 '깨끗하게' 대체되었다.

종묘공원

21세기의 가족로망스는 어떻게 실현되는가

노는 것 좋아하는 데 이념이 대체 무슨 상관인가. 노동하는 인간의
위대함을 예찬했던 프랑스 화가 페르낭 레제도 말년엔 일하는
고통에서 해방된 미래의 유토피아를 형상화하는 데 열정을 쏟았다.
알려진 대로 그는 피카소만큼이나 완고한 공산주의자였다.

　　　1950년대 대표작 「캠핑하는 사람(*Le campeur*)」(1954)에는
웃통을 벗어젖힌 사내와 수영복 입은 여자, 공놀이 하는 사내아이가
등장한다. 분위기로 미루어 도시 근교 휴양지로 놀러 나온 노동자
가족이다. 레제는 작품을 제작할 당시 1936년 여름에 단행된 '위대한
전환'을 염두에 두었던 것으로 알려진다. 당시 그의 조국 프랑스는
인민전선 정부의 주도로 주 40시간 노동제가 법제화돼 주말 연휴를
활용한 노동계급의 휴양 문화가 빠르게 확산되고 있었다. 가족 단위
캠핑도 그중 하나였다.

257

페르낭 레제, 「캠핑하는 사람」, 1954.

쓰레기 매립장이 골프장 거쳐 캠핑장으로

60년 전 레제의 그림에 등장했던 '캠핑하는 사람'은 이제 국내 도처에서 쉽게 찾아볼 수 있게 됐다. 캠핑 인구는 최근 5~6년 새 가파르게 늘어 2015년에 300만 명을 넘어선 뒤 2016년엔 500만 명에 이를 것으로 추산된다. 캠핑 용품을 파는 시장 규모도 빠르게 커져 2008년 200억 원에 불과했던 매출이 2014년엔 6000억 원을 넘어섰다.

이 나라의 캠핑 인구가 가파르게 증가한 데는 40대 남성들의 구실이 결정적이었다. 10년이 넘는 직장 생활을 통해 일정 수준의 경제 기반을 다진 40대 가장들이 가족 휴양의 방편으로 캠핑을 활용하게 되면서 동호인 수가 빠르게 늘어난 것이다. 여기엔 2000년 중반 이후 보편화된 주 5일 근무제와 스포츠유틸리티차량(SUV)의 대중화, 서구식 캠핑 문화의 유입 같은 사회·경제·문화적 요인도 빼놓을 수 없다.

2010년 문을 연 노을캠핑장엔 원래 9홀 규모의 퍼블릭 골프장이 있었다. 2002년 서울시의 생활 쓰레기를 처리하던 한강변 난지도 매립장에 흙을 덮고 수목을 식재해 공원화하면서 지반 안정과 골프 대중화를 명분으로 골프장을 꾸민 것이다. 하지만 골프장은 문을 연 직후부터 구설에 휘말렸다. '재자연화'를 콘셉트로 삼은 도시형 시민공원을 반(反)생태 귀족 스포츠인 골프를 위해 할애하는 것은 적절치 않다는 게 당시의 보편 정서였던 것이다. 서울시는 결국 개장 8년 만에 골프장을 폐쇄하고 남쪽의 공원 구역 일부를 캠핑장으로 재단장해 시민들에게 개방했다.

노을캠핑장은 여덟 개 구역 152면의 숙영 사이트를 제공한다. 주말이면 빼곡히 들어찬 천막들로 난민 캠프를 연상시키는 서울 근교의 민간 캠핑장에 견줘 사이트당 점유 면적이 넓고 주변 환경도 쾌적하다. 골프공을 굴리던 푹신한 그린 위에 사이트를 조성한 탓에 텐트를 세운 뒤 주변을 둘러보면 문명과 절연된 중앙아시아의 초원 지대로 공간 이동을 해온 듯한 착각에 빠져드는 것도 무리는 아니다. 서울의 시계(市界) 안, 그것도 악취와 파리 떼가 들끓던 쓰레기 매립장의 정상부에 재건 대원의 가설 천막도 아닌 첨단 섬유공학의 테크놀로지가 응축된 형형색색의 텐트촌이 들어서리라고 20년 전이라면 감히 상상이나 했을까.

넓은 잔디밭 뒤편으로 캠핑
사이트가 보인다.

형형색색의 텐트촌. 텐트마다
각종 캠핑 장비를 갖추고 있다.
캠핑 사이트의 후경을 이룬
고층 빌딩들의 모습에서 '도심
속 캠핑장'임을 실감한다.

노을캠핑장 입구에서 만나는
매립가스 이송관로가
과거 이곳이 쓰레기
매립장이었음을 상기시킨다.

캠핑장 G구역에서 만난 40대 캠핑객은 "30대 중반 미국 애틀랜타에 머물던 시절 현지 친구들과 스톤마운틴파크로 함께 떠난 캠핑이 너무 인상적이었다."며 "한국에 돌아가면 꼭 한번 가족과 함께 캠핑을 떠나고 싶었다."고 했다. 화로에 둘러앉은 처자식들 접시를 곁눈질해가며 그릴에 얹은 양고기 스큐어를 이리저리 뒤집는 사내의 손길에선 원숙한 가부장의 실한 책임감이 묻어났다.

대체 이 나라의 남자들은 왜 캠핑에 그토록 열광하는 것일까. 애호가들은 콘도나 펜션 숙박이 제공하지 못하는 독특한 체험을 캠핑이 제공하기 때문이라고 입을 모은다. 아파트 생활의 연장인 콘도나 고급 민박에 가까운 펜션과 달리, 내·외부를 가르는 게 얇은 특수 섬유막뿐인 텐트 숙박은 자연과 몸의 거리를 최대한 밀착시켜주는 까닭에 자연과 일체감을 느끼며 휴식을 취하기엔 최적이라는 것이다. 무엇보다 캠핑은 '사람이 집을 갖고 다니는 유일한 행위'다. 비록 문명 속에서 돈을 주고 구입한 첨단 장비들을 이용하지만, 자연 속에서 집을 짓고 나무를 줍고 직접 식사를 해결하는 것은 도회 생활에 길든 현대인들로선 쉽게 접하기 힘든 이색적 경험이다.

캠핑을 '공작적(工作的) 성취감'이나 '중산층 중년 남성의 속물적 과시욕'과 연결 짓는 시각도 있다. 제공된 서비스를 향유하는 콘도나 펜션에서의 여가와 달리 캠핑은 장비 마련부터 손질, 적재, 설치, 철거까지 오롯이 자신의 힘과 경험에 의지해야 하는데, 이

모든 과정이 행위자에게 굉장한 성취감을 안겨줄 뿐 아니라 안정된
지위와 경제력, 남보다 우월한 육체적·지적·심미적 능력을 드러낼
최적의 기회를 제공한다는 것이다.

캠핑에 열광하는 각자의 이유가 무엇이든, 그 배경엔 한국
남성들의 고양된 가족주의가 자리 잡고 있음을 부인하기 어렵다.
사실 한국에서 '가족 캠핑'이 본격화한 것은 1980년대 중반이다.
식민지 시대인 1920년대에 이미 현대적 의미의 캠핑이 도입되긴
했으나 1980년대 초반까지도 캠핑은 전문 산악인들의 등정 행위에
수반된 부대 활동이거나, 그도 아니면 청소년 단체나 종교 기관의
야외 수련 활동의 일환으로 활용되는 수준이었다.

하지만 저금리, 저달러, 저유가의 3저 호황 덕분에 소득이
늘어난 도시 중산층을 중심으로 서구식 소비문화가 확산되며
가족 단위 휴양이 보편화됐다. 콘도나 펜션 같은 휴양용 숙박
시설이 부족하던 시절엔 해변이나 계곡에 텐트를 치고 야영하는
것이 유일한 휴양 문화였다. 그러나 당시의 캠핑은 요즘과 달리
여름 휴가철에 집중됐고, 장비의 규모나 수준도 소박했다. 이동
수단은 버스나 기차 같은 대중교통이 주종이어서 오늘날의 대세인
오토캠핑과는 거리가 있었다.

캠핑 열기를 떠받치는 가족주의에선 한국 중산층 가계의
심화된 위기의식이 엿보인다. 무엇보다 주목할 부분은 한국의 40대
남성을 위협하는 두 가지 공포, 다름 아닌 실직과 건강 이상에
대한 두려움이다. 공포가 현실화될 경우 곧장 가족의 붕괴로

이어질 수밖에 없기 때문인데, 위협의 강도가 높아질수록 공포를 우회하려는 노력은 한층 필사적이 된다. 이런 점에서 캠핑에 대한 40대 남성들의 몰입은 텐트를 치고, 장작불을 피우고, 고기를 구워 아내와 자식들 밥그릇에 올려주면서 '적어도 지금까지는 내 가족을 제대로 건사하고 있다.'는 사실을 확인받기 위한 절박한 퍼포먼스에 가까운 것인지도 모른다.

노을캠핑장 E구역에서 만난 조주현 씨도 그런 경우였다. 2개월을 별러 사이트 예약에 성공한 뒤 초등학생 아들 둘과 캠핑에 나선 그는 "처음 시도하는 캠핑이라 시설이 양호하기로 이름난 이곳을 일부러 찾았다."고 했다. 혹시라도 텐트 설치법을 몰라 헤매지 않을까, 아파트 놀이터에서 예행연습까지 하고 왔다는 그는 경기도 광명에 있는 중견 IT 회사의 13년 차 개발자였다.

"IT 업종의 경기가 예전 같지 않다. 관리자로 승진하지 못할 경우 40대 초반이면 개발자로서의 수명은 끝이다. 자바 프로그래머로 10년 넘게 일했는데, 그만두면 뭘 해야 좋을지 모르겠다. 그나마 번듯한 직장에 다닐 때 자라는 아이들과 좋은 추억을 만들고 싶었다. 자영업이라도 하게 되면 한동안 가족과는 이런 시간을 보내기가 어렵지 않겠나."

뉴노멀의 가족 로망스

가족이라는 1차 혈연집단에 대한 집착은 현실의 모든 것이 깨졌다는

사전 예약과 체크인을
관리하는 사무국, 편의
시설을 갖춰 '안락한
자연 속 휴식'의
시간을 제공한다.

한 이용객이 짐을
꾸리고 있다. 오늘날의
캠핑은 집 한 채의
살림살이를 고스란히
가지고 다니는 행위다.

인식과 그로 인한 심리적 불안이 가중되는 시기일수록 강해진다. 가족의 해체가 운위되고 '정상 가족 이데올로기'가 내장한 폭력성이 비판받는 21세기의 한국 사회지만, 사람들의 의식 속에서 가족은 여전히 각박하고 불안한 일상에서 개인이 기댈 최초이자 최후의 위안처. 이런 점에서 '쾌락과 과시'의 수단이면서 '치유와 위안'의 매체인 캠핑은 21세기 '가족 로망스'의 한국적 형식으로 부상할 조건을 두루 갖춘 셈이다.

분명한 사실은 인간이 밥벌이의 고통에서 완전히 해방되지 않는 한, 가족 제도를 대체할 새로운 삶의 양식을 성공적으로 상상하고 안출하지 못하는 한, 캠핑이라는 여가 형식에 구현된 쾌락과 구원의 판타지는 매체와 형식을 갈아타며 부단히 재생산되리란 점이다. 그러니 도덕적 부채감 따위는 맘 편히 내려놓고 우선 일단 즐기고 볼 일이다. 공산당원 레제가 그린, 웃통을 벗어젖힌 캠핑장의 구릿빛 그 사내처럼.

천변풍경, 견유주의자의 시선

'집단 도취'라는 말이 아니고선 설명이 어려웠다. 2005년 청계천 '개통' 직후, 이 새롭게 등장한 도심 명소에 헌정된 시민들의 열정은 하나의 '현상'이라 부르기에 부족함이 없었다. 개통 한 달 만에 끌어 모은 방문객이 627만 명. 2002년 개장한 상암동 월드컵공원과 청계천보다 4개월 앞서 선보인 뚝섬 서울숲이 같은 기간 각각 100만, 125만 명을 유치했던 전례에 견준다면 실로 경악할 만한 수준이었다. 시민들은 믿기 힘든 풍문의 진상을 확인하기 위해 구름처럼 몰려들고, 주변의 상가와 식당가는 장기간의 특수에 희색을 감추지 못했다.

2005년의 청계천 현상

시민들의 태도에서는 단순한 명소 예찬을 넘어서 종교적 대상을
향해 갖기 마련인 숙연한 경외감마저 감지됐다. 신문과 텔레비전은
21세기 서울이란 시공간에 느닷없이 출현한, 새로운 도심 성지를
찬미하는 성가들로 충만했다. 지식과 예술은 성소의 영광을
위해서라면 기꺼이 악마적 권력과도 몸을 섞을 태세였다. 누구도
예상 못한 도심 인공 하천의 떠들썩한 성공에 권력의 천박한
조급증을 조롱해온 소수는 말 그대로 고립무원이었다.

　　무엇을 향해, 왜, 시민들은 열광했던가. 답은 명쾌했다. 시민적
일상에 부재한 그 무엇이 청계천이란 공간 속엔 존재했던 까닭이다.
천변 곳곳엔 남루하고 고단한 현실에서 실현되지 못한 꿈과
소망들이 다양한 형태로 인각돼 있었다. 그들이 열광하는 대상은
청계천이라는 물리적 공간이 아니라 그 안에 물질화되어 있는
자신들의 꿈이었던 것이다. 이런 점에서 개통 초기의 '청계천 숭배'는
도시화라는 근대적 보편사의 동아시아적 특수형, 이른바 '서울적
상황'이 빚어낸 21세기의 새로운 시민 종교라 불리기에 손색이
없었다. 그것이 종교적 성격을 띠는 것은 어찌 보면 필연이었다.
종교가 "현실에서 충족되지 못한 인간적 본질의 환상적 현실화"(카를
마르크스, 『헤겔 법철학 비판』, 아침, 1989)인 것처럼 청계천이란 장소는
일상의 시공간에서 실현되지 못한 집합적 욕망과 무의식이 물질화된
공간이었던 것이다.

　　그러나 존재의 필연성이 그 존재 양식의 윤리성마저

정당화하는 것은 아니다. 행위의 대상이 인간의 공간적 실천에 의해 만들어진 인위적 자연인 한 숭배는 페티시즘의 성격을 띨 수밖에 없고, 욕망의 현실화가 실제적 생존 조건의 개선과 무관하게 이루어지는 한 그것은 '신화'의 경계 안에 머무른다.

물론 신화가 마냥 부정적인 것만은 아니다. 신화는 항상 무엇인가를 감추면서 또한 드러낸다. '청계천 신화'도 마찬가지였다. 종교가 그 환상적 형식을 통해서나마 인간 본질의 감추어진 내용들을 폭로하듯, 청계천이란 공간 역시 신화 형식에 속박된 당대의 개인적·집합적 꿈의 내용을 어렴풋하게 상기시킨다. 그 내용이란 예컨대 인간과 자연, 개인과 사회의 조화로운 공존과 화해 같은 덕목들일 것이다. 이런 점에서 청계천 숭배에도 일정한 '해방적' 잠재력이 담겨 있다는 사실 역시 부인하긴 어려웠다.

청계천이 표상하는 신화는 '새로운 자연'이었다. 그것은 자연 상태의 유기적 자연과 달리 인간의 실천에 의해 만들어진 인공물이란 점에서 인위적 자연이기도 했다. 이 신화는 청계천이 표방하는 '역사, 자연과의 화해'라는 언표 속에 명시적으로 표현됐는데, 여기서 새로운 자연은 인간과 자연, 현재와 과거 사이의 범주적·역사적 적대가 해소된 상태와 다름없었다. 새로운 자연이란 신화를 구성하는 모티프의 중핵은 '새로움'과 '화해'다. 청계천은 이 두 개의 모티프를 자신과 관련된 시공간적 대립 구도를 통해 시각화했다.

개통 11년이 지난 지금도 청계천은 두 개의 축이 교차하는 2차원 좌표 상의 어딘가에 존재한다. 과거와 미래를 향해 무한히

확장되는 시간축이 그 하나요, 다른 하나는 '완전한 자연'과 '완전한 인공물'이란 이념형적 극단을 향해 뻗어 있는 공간축이다. 물론 좌표가 지시하는 시공간은 물리적인 것이 아닌, 다분히 의미론적이고 사회적인 시공간이다. 이곳에서 맑은 물이 흐르는 현재의 청계천은 왕조와 식민지 시대의 악취 나는 하수구, 산업화 시대의 콘크리트 복개도로와의 시계열적 대비를 통해 악몽과도 같은 과거로부터의 '초월'과 '비약'을 공인받고자 할 뿐 아니라 자동차, 소음, 오염 물질로 가득 찬 도심 가로의 위험 환경과 공간적 병치를 통해 안전과 쾌락을 제공하는 '구원'의 공간으로 스스로를 과시한다. 이것은 과거 이미지와의 시간적 차별화, 주변 경관과의 공간적 대비를 통해 '지금 이곳'의 장소적 의미를 구성하는 전략이다.

청계천의 이미지 구축 전략

청계천 사업은 처음부터 '재생', '재자연화'란 의미를 강조하는 한편, 과거를 적극적으로 인용하는 전략을 취했다. 무릇 옛것의 참조 없이 새것을 만들어내기란 사실상 불가능한 법이다. 이 같은 재생, 즉 '복원'의 메커니즘을 발터 베냐민은 '집단적 소망이미지'란 개념을 통해 설명한 바 있다.

> 역설적이게도 집단적 상상력은 가까운 과거와 혁명적으로
> 단절할 동력을 얻기 위해 신화들과 유토피아적 상징들을 담고

있는 훨씬 더 오래된 원과거의 문화적 기억을 환기한다. '집단적
소망이미지'가 바로 이것이다.(수잔 벅모스, 『발터 벤야민과
아케이드 프로젝트』, 문학동네, 2004)

청계천의 '소망 이미지'를 구축하는 과정은 특정한 기억들을
선별, 배제하는 '담론화'를 동반했다. 이 과정에서 사업의 주체인
서울시는 이슈의 선점과 의제화에 목말라하는 언론사의 경쟁심과
조급증을 지능적으로 활용했다. 미디어를 통해 파괴적 개발로
상징되는 가까운 과거는 극복되어야 할 부정적 유산으로 단죄됐고,
개발 이전의 순수와 낭만이 부각됐다. 이를테면 그것은 서구의
르네상스가 이교적 고대의 긍정적 가치를 일깨우고 정교화함으로써
암흑의 중세와 단절할 동력을 구하려 했던 것과도 유사했다.

청계천이 시멘트 바닥으로 뒤덮이기 전. 뱀장어도
잡고 보트놀이도 하던 시절이었다. "겨울에는 거기서 스케이트
탔지."(「휘문고 61회 동창생들 "그때는 이랬지요"」,《동아일보》(2002년 3월
5일자)) 그럴 수 있었던 서울은 대도시라기보다는 정겨운 동네였을
뿐이다.

지난 40년간 서울에 사람이 몰리고 경제발전이란 구호아래
성북동 비둘기도 청계천 버들치도 마로니에 추억도 사라졌다.
최고와 최단을 달성하기 위한 자동차의 홍수속에 걸을 수 있는
권리가 축소되고 물질만능주의에 우리는 소외되고 있다.(유상오,

「재밌게 걸을 수 있는 도시로」,《한겨레》(2002년 10월 16일자))

30년 전 서울에 살 때 청계천 둑을 걸어 목욕탕에 가던
일이 생각납니다. 강둑을 걸으면 묘한 정취가 있죠. 청계천이
복원되면 무수히 많은 생명이 함께 살아날 거고, 그렇게 되면
너무 아름다울 겁니다.(「생태-환경에 열정쏟는 작가 박경리」,
《동아일보》(2003년 5월 31일자))

과거의 목록에서 수집된 구원의 이미지는 미래의 시간
지평 위에 신속하게 투사됐다. 고가도로와 콘크리트 덮개가 사라진
자리에 시원한 물줄기와 녹지가 펼쳐진 복원 후 가상도가 신문
지면과 관공서 외벽을 장식했다. 사업에 대한 시민들의 호기심과
조급한 기대감은 더욱 커졌다.

청계천이 표방한 '새로운 자연'은 '억압받은 것', '추방된
것'의 귀환이라는 의미론적 지평 위에 존재했다. 억압받고 추방된
것은 자연과 역사와 전통, 그리고 인간 자신이었다. 새 청계천과
함께 모습을 드러낸 왕조시대의 유물과 유구들, 물길을 거슬러온
잉어와 오리 떼, 천변 산책로를 메운 시민들의 행렬은 과거의 파괴적
근대화가 청계천이란 공간에서 추방해버린 것들이다.

그러나 청계천의 자연은 엄밀히 말해 '돌아온' 것이
아니다. 북악과 인왕, 목멱산의 맑은 물이 모여 분지의 중심을
가로지르던 자연 하천 청계천은 왕조의 준천이 시작되는 순간

청계천 타일 벽화. 서울시는
시민들이 직접 청계천에 대한
추억이나 소망을 그린
조각 타일을 모아 벽면에 설치했다.

청계천의 버들치. 청계천 복원
10년이 넘은 현재, 서식 생물
종이 늘어나고 수질 환경이
개선되었다는 평가와 연간
관리비만 75억여 원이 들고 비가
많이 오면 물고기가 폐사하는
등 생태하천으로의 재복원이
필요하다는 평가가 엇갈린다.
어떤 청계천으로의 복원을 꿈꾸든
과거의 청계천이 '맑은 시내'는
아니었다.

이미 사라졌다. 조선 초 세종 때 이미 도심 하수로 인한 하천의
오염 문제가 논란이 됐다. 상업 공간으로 각광받았던 광교 주변을
제외하고 천변은 쓰레기와 악취, 범람의 위험에 시달리는 최악의
주거지였다. 사정은 식민지 시대, 그리고 본격적인 복개가 시작된
60년대까지도 마찬가지였다. 청계천은 도시의 오물과 찌꺼기를
배출하는 하수구이자 차별과 불결, 재난의 상징이었을 뿐,
이름처럼 '맑은 시내'였던 적은 없다. 사시사철 아낙들이 빨래하고
여름이면 아이들이 멱을 감던 도심 하천은, 앙리 르페브르(Henri
Lefebvre)식으로 말하자면 "공간적 실천을 위한 새로운 의미나
가능성을 떠올리게 해주는 정신적 발명품",(『공간의 생산』, 에코리브르,
2011) 요컨대 사람들의 상상 속에 존재하던 '표상 공간(space of
representation)'이었던 셈이다. 이런 점에서 청계천으로 돌아온 자연은
상상되고 발명된 자연이다. 누군가의 적극적 기억 행위를 통해
'구성된 자연'이며, 선택과 배제의 동학을 통해 '생산된 자연'이다.

비단 만들어진 것은 자연만이 아니었다. 오랜 역사를 갖는
것으로 여겨져 온 의례와 전통 역시 상당수는 특정한 정치적 목적을
위해 현재로부터 멀지 않은 과거에 '발명된' 것이다. 이것은 청계천과
관련된 역사적 대상들에도 고스란히 적용될 수 있다. 물론 역사적
대상들이란 과거에 축조된 물리적 구조물이 아니라 구조물과
관련된, 혹은 관련되었다고 믿어지는 행위자들의 공간적 실천이다.
이때 중요한 것은 특정 장소에 '서사'와 '상징'을 불어넣는 것이다.

이러한 노력들은 청계천에서도 마찬가지로 관찰됐다.

전문가 집단은 '고증'과 '발굴'이라는 학적 담론의 권위를 빌어 특정 장소와 연루된 '이야기들'을 끄집어내 가공했다. 이야기의 진위 여부는 중요치 않았다. 그것이 영웅의 비범한 일화이든 민초들의 평범한 일상이든, 이야기는 과거의 가시적 재현에 대단히 중요한 모티프를 제공했다. 이를테면 단종이 귀양을 떠나며 송비와 이별했다는 영도교, 명종시대 도성에 잠입한 임꺽정 무리가 탈출구로 사용했다는 오간수교, 박태원의 소설『천변풍경』의 무대가 됐다는 영도교 인근 빨래터 모두 퍼포먼스나 퍼레이드 같은 현대적 스펙터클을 위한 공간적 모티프가 됐다.

열려 있으면서 닫힌 공간

청계천의 의미가 구성되는 또 하나의 방식은 주변 경관과의 병치를 통한 공간적 차별성의 부각이었다. 청계천이 관통하는 동아일보사 앞에서 중랑천 합류부까지의 구간은 20세기 후반 서울이란 도시가 경험한 '시공간 압축'의 시각적 콜라주가 가장 적나라하게 펼쳐지는 공간이다. 블록마다 공간 이용, 산업 구성, 가로 형태 등이 제각각이다. 식민지 시대 지어진 쇠락한 적산가옥엔 쇳가루 날리는 마찌꼬바가 여전히 성업 중인가 하면, 20~30년의 시차를 두고 마주 선 국제주의 스타일과 포스트모던풍의 대형 사무소빌딩은 점심시간에 맞춰 수천 명의 샐러리맨을 거리로 쏟아낸다. 하루 종일 자동차와 매연, 소음으로 가득 찬 왕복 16차선 광로가 있고 그

콘크리트 옹벽과 옹벽 사이. 청계천은 도로와 자동차, 건물들로 가득한 도심을
음각한 듯 존재한다.

구석진 틈새엔 손수레 한 대 겨우 통과할 만한 실핏줄 같은 미로가
끈질긴 생명력을 유지하고 있다.

청계천의 차별화된 의미는 무엇보다 방문자들에게 제공하는
독특한 장소 체험을 통해 구성된다. 청계천의 1차적 장소성은
어쨌거나 물이 흐르는 친수 공간이라는 데 있다. 물이라는 기호는
'위험'과 '구원'의 모순적 이미지를 동시에 갖는다. 신체적 약자에게
자칫 생명까지도 앗아갈 수 있는 경계의 대상이지만 사막을
횡단하는 여행자에겐 물 자체가 생명이다. 결국 물이 정박하는
최종적 이미지는 그 물을 둘러싼 상황적 맥락에 의해 규정된다.
견고하고 위압적인, 도심의 콘크리트 인공물 사이를 유유히
횡단하는 물은 그 수평적 자연성으로 인해 '휴식'과 '구원'의
이미지를 극대화한다.

청계천의 또 다른 특징은 보행 공간이라는 데 있다. 모든 환경이 자동차라는 이동 수단에 맞춰 설계된 주변 도로 공간과 달리, 이곳에서 이동은 오직 원시적인 보행 능력에 의존한다. 자동차를 피하기 위해 신경을 곤두세울 일도, 불과 10여 미터 안팎의 도로를 건너기 위해 신호등 앞에서 지루하게 시간을 허비할 필요도 없다. 타고 있는 승용차의 등급에 따라 사회적 위계를 가늠 받을 일 또한 없다. '걷기'라는 신체 능력을 갖고 있는 한 이곳에선 누구나 평등하다. 이 같은 공간적 특징은 청계천에 인간 중심적인 평등 공간이란 이미지를 부가한다.

한편으로 청계천은 열린 공간이다. 콘크리트 덮개와 고가도로라는 이중의 차폐막이 사라짐에 따라 청계천은 음습하고 정체된 도심에 활력을 불어넣는 물길과 바람길로 재탄생했다. 공사가 막바지 단계에 접어들었던 2005년 8월 서울시는 청계천 복원으로 인해 도심 기온이 2~3도 떨어지는 효과가 나타났다며 대대적 홍보를 펼치기도 했다.

청계천으로 인한 사회·경제적 과실이 지역과 계층을 초월해 시민 전체에게 돌아간다는 점을 부각시키기 위해 청계천의 '열린' 이미지가 활용되기도 했다. 소규모의 도보권 근린 시설과 달리 수도의 도심에 위치한 까닭에 도시 경계를 초월하는 광역 근린공원의 성격을 갖는다는 점도 강조됐다. 개통 초창기 서울시가 청계천에 한강물을 끌어 쓰면서도 물 값을 내지 않고 버텼던 배짱의 이면에는 청계천이 시민 전체를 위한 시설이라는 나름의 자신감이 배어 있었다. 열린

왼쪽 위부터 시계 방향으로
삼일빌딩, SK사옥, 그리고
광통교. 청계천엔 상이한
시간대의 다양한 기념비들이
경쟁하듯 자리 잡고 있다.

이미지가 청계천에 '공공성'이라는 정당성 논거를 제공했던 셈이다.

열린 청계천은 그러나 '(둘러)싸인' 공간이기도 했다. 청계천을 걷는 사람들은 왠지 모를 편안함을 느낀다. 편안함의 정체는 '보호받고' 있다는 안도감이다. 이것은 지표면보다 낮은 고수부지의 지형적 특성과 좁은 하천 폭, 둔치 양쪽을 둘러싼 수직 옹벽의 차단 효과로 인해 발생한다. 여기에다 자동차, 자전거, 인라인스케이트 등 안전한 보행을 위협하는 이동 수단은 철저히 출입이 통제된다. 흡연이나 애완동물을 동반하는 것도 금지된다. 심지어 쓰레기통조차 없다. 위험과 불쾌감을 유발할지 모를 모든 가능성을 사전에 차단해버린 것이다. 복개도로를 걷어낸 자리에 투명한 유리 덮개를 씌워놓은 셈이다. '거리의 실내화'요, 일종의 '도시위생학'이다.

기념비 너머의 기념비

도시는 하나의 기념비다. 그것은 인간에 의한 자연의 정복을 기념하고 과시한다. 서울은 역사가 600년이 넘는 유구한 기념비다. 이 역사 도시의 중심을 횡으로 가로지르는 청계천인 만큼 주변엔 상이한 시간대의 다양한 기념비들이 경쟁하듯 자리 잡고 있다. 기하학적 추상미과 엄격한 비례를 뽐내는 삼일빌딩이 산업화 시대의 성장 기적을 과시하고 기념한다면, 피사의 사탑에서 조형적 모티브를 구했다는 동아일보 사옥의 복고적 감수성에선 과거의 권위를 복제해서라도 권력의 중심에 머물러 있고자 하는 신문

권력의 욕망이 여과 없이 표현된다. 단조로운 수직선과 엄격한 격자형 분할을 강조하는 SK 사옥은 '글로벌 기업'을 꿈꾸는 주변부 대자본의 무의식을 과장된 엄숙주의로 포장해 드러내고, 현대 사옥을 등 뒤에서 압도하는 파이낸스센터의 수직적이고 풍부한 볼륨은 일국 경제를 손아귀에 쥐고 흔드는 글로벌 금융자본의 위력을 가시화한다.

유물로 전락해버린 청계천의 다리들 역시 왕조의 위엄과 영광을 기리는 기념비들이다. 기념비의 조형을 위해 당대 최고의 예술가와 장인들이 동원됐다. 새로운 청계천은 콘크리트 아래 묻혀있던 과거의 기념비를 적극적으로 발굴함으로써 복원이란 행위에 역사적·상징적 의미를 부각했다. 하지만 모든 기념비가 발굴되는 건 아니었다. 그 대상은 철저하게 '투입 대 산출의 효율성'이라는 현재적 필요에 의해 가려졌는데, 이렇게 해서 복원된 것은 '역사 자체'가 아닌 '역사의 이미지'였다. 청계천이 욕망하는 것은 광통교가 아닌 광통교의 이미지요, 왕조의 역사가 아니라 그 역사가 환기하는 왕조의 영광이었던 것이다.

청계천은 그 형상만으로도 강한 기념비적 아우라를 뿜어낸다. 새로운 청계천은 엄밀히 말해 콘크리트 기초 위에 석조 부재로 마감하고 각종 오브제를 곳곳에 배치해놓은 초대형 구조물이다. 이 구조물의 양쪽을 지탱하는 두 개의 콘크리트 벽은 높이가 3~7미터, 길이는 5.8킬로미터가 넘는다. 관조하는 주체를 압도하는 거대한 벽은 기념비의 전형적 형식 가운데 하나다. 검은

철거 전 삼일고가도로.

고가도로 건설 당시 교각들의 모습.

고가도로는 철거되고 교각만 남은 현재.

화강암 재질의 긴 벽으로 이루어진 미국의 베트남전 기념비가
대표적이다. 130년 전의 총탄 자국이 선명한 파리 페르라세즈
공동묘지의 동쪽 벽은 코뮌 전사들의 희생과 증오를 상기시키는
강력한 기념비다. 청계천의 벽 또한 마찬가지다. 벽면에 새겨진
각각의 기표들은 왕조시대 군주의 위엄, 더 나은 삶을 위한
소시민들의 꿈 등의 의미들을 끊임없이 상기시킨다. 하지만
청계천이라는 장소적 맥락 속에 배치될 때 표층의 의미들은 '참여',
'재생', '화해'와 같은 2차적 의미들을 파생시킨다. 나아가 이것이
서울이란 공간과 한국 사회라는 포괄적 맥락 속에 끼워 넣어질 때면
참여와 재생과 화해를 이끌어낸 개인 혹은 집단, 나아가 '체제와
문명의 우월성'을 드러내는, 이데올로기의 물질화된 표상으로
전환된다.

　　　기념비로서의 청계천은 이렇듯 자신의 영토 곳곳에
왕조시대의 영락한 기념비와 자본의 시대가 낳은 첨단의 기념비들을
열주처럼 거느리고 있다. 청계천은 기념비에 둘러싸인, 기념비 속의
기념비이자, 기념비들이 상기시키는 다양한 의미들을 관통하면서 그
안에 어떤 일관성을 부여하는 '초기념비'인 것이다.

누구도 탈주할 수 없는 자기 파괴의 알레고리

진실이 드리운 그림자의 끝자락이나마 보여주기도 하지만 신화의
본질은 현혹이요, 환각이다. 역설적인 것은 신화적 환각을 생산하고

조장하는 것이 현실이지만 이 환각으로부터 탈출의 가능성을
제공하는 것 또한 현실이라는 점이다. 이러한 점에서 신화의 공간인
도시는 미몽과 각성의 계기를 동시에 품고 있는 역설의 공간이다.
이 역설이 자신을 드러내는 것은 알레고리라는 형식을 통해서다.
알레고리는 '다르게 말한다.'는 뜻의 그리스어 allegoria에서 파생된
말로 표면과 이면에 이중의 의미를 가진 이야기 유형을 지칭한다.
근대성의 해부학자 베냐민은 이 알레고리의 해방적 기능에
주목했다. 그에게 알레고리는 대상이 지닌 양가성과 다의성의
표현이며, 사물들의 일시적인 또는 역사적인 특성을 드러내면서
그들의 연속성을 강조하는 표현 양식이다. 알레고리는 "역사의
공간에 신화를 용해"(수잔 벅모스, 앞의 책)하는 재현 방식인 것이다.

청계천에서 알레고리는 그것의 기념비적 특징을 통해
일차적으로 드러난다. 청계8가 무악교와 고산자교 사이에는
삼일고가도로의 교각 세 개가 쓸쓸하게 남아있다. 고가와
복개도로를 걷어내면서 개발 시대를 상징하는 역사적 기념물로
남겨놓은 것이다. 모서리의 부서진 단면으로 철근 가락이 흉하게
비집고 나온 채 몸체 곳곳은 녹과 먼지로 얼룩졌다. 교각은 모두
셋이다. 하류 쪽으로 내려갈수록 훼손 정도가 커진다. 시간의 파괴성
혹은 자연 앞에 선 인간의 무기력함을 이야기하려는 것일까.

현재 이곳의 풍경을 지배하는 정조는 멜랑콜리와
무상함이다. 이 복개 시대의 유적에선 자학과 오만이 동시에
묻어난다. '청계천 복원과 함께 파괴적인 개발의 시대는 끝났다.'고

선언하지만 그 표정에 배어나는 짙은 회한은 어쩔 수 없다. 교각들은 대로변에 효수된 패배한 영웅의 머리처럼 비장하고 쓸쓸하다.

새로운 청계천에서 개발 시대의 기념비인 고가도로는 부서지고 방치된 채 새로운 승자의 위엄과 우월성을 과시하는 인용물, 오브제가 된다. 이것이 암시하는 바는 명확하다. 영속할 것처럼 보이는 현재의 기념비 역시 덧없고 무상한 것이며, 언젠가 패배의 기념물로 전락해 새로운 승리자의 영광을 위해 봉사하게 되리라는 사실이다. 방치된 교각이 표상하는 것은 단순히 현재의 승리 혹은 과거의 패배가 아니다. 그것은 공원화된 청계천의 미래를 암시하는 자기 파괴의 알레고리다.

간과해선 안 될 점은 장소적 차별화의 계기를 제공했던 친수성, 개방성과 같은 공간적 특징들은 언제라도 소진과 몰락의 계기로 작용할 수 있다는 점이다. 개통 초창기부터 좁은 하천 폭과 직강형의 수로 형태가 빈번해진 스콜성 폭우에 대단히 취약하다는 우려가 제기됐다. 짧은 시간 동안 집중적으로 내리는 비는 그 양이 많지 않더라도 유수 공간이 부족하고 유속이 빠른, 협소한 직강하천에선 예상 못한 위험을 빚어낼 수 있었던 것이다. 아울러 보행자 위주의 공간 구조 역시 보행 능력이 없거나 취약한 신체적 약자에겐 접근을 제약하는 요인으로 작용했다. 좁고 위험한 계단, 한번 들어가면 출구를 찾기 힘든 동선 구조 등도 '모두에게 열린 공간'이라는 청계천의 이미지를 손상한다. 청계천의 유지, 보수에 소요되는 비용만 1년에 75억여 원에 이른다는 점도 '돈 먹는

청계천변 판잣집 철거 현장.
1958년 청계천 복개공사에
착수하면서 청계천 일대의
무허가 판잣집이 철거되었다.

청계천복개공사준공개통식.
청계천 복개도로가 만 4년
만에 준공되었다.

1968년에는 청계고가도로와
세운상가아파트 건설을
앞두고 '도로미화'와
'상가질서'를 바로잡기 위해
천변과 도로변의 노점상을
철거했다.

콘크리트 어항'이란 부정적 이미지를 강화했다.

안전과 쾌적함을 위해 마련된 '위생학적' 시도들 역시 언제든지 배제와 억압의 기제로 작동할 수 있다. 청계천은 자동차와 오염 물질 등 안전을 위협하는 매개물뿐 아니라 통제가 어렵고 불쾌감을 유발하는 주변적 주체들을 배제했다. 노숙자, 노점상이 그들이었다. 서울시는 개통 전부터 이들에 대한 철저한 단속을 주요 과제로 정하여 '청계천 조례'를 제정했고, 단속 인력과 CCTV를 활용해 이들의 출입을 원천적으로 봉쇄했다(『청계천 복원사업 백서』, 서울특별시, 2006). 이 같은 배제의 기제들은 언제든지 그 대상을 다른 사회적 약자들로 확대할 수 있고, 결국엔 공간 생산의 정당성 기반을 무너뜨릴 수 있다는 점에서 청계천의 두 얼굴을 표상하는 것이기도 했다.

하지만 청계천의 몰락을 가져올 더 근본적인 요인은 모더니티 자체에 내장된 '자기 파괴'의 충동일 것이다. 근대가 표방하는 새로운 세계는 지나간 낡은 것들을 파괴하지 않고서는 생겨날 수 없다. 근대의 도시는 생산의 공간이자 소비의 성지이며, 생산관계의 재생산이 이루어지는 근대성의 핵심 공간이다. 무엇보다 자본주의적 생산관계는 무한 경쟁의 결과물인 과잉 축적의 위기를 지연하고 해소하기 위해 도시의 건조환경에 대한 투자를 지속적으로 확대하는 경향이 있다. 이 때문에 주택이나 건물, 도로 등으로 이루어진 도시경관은 건설과 파괴의 주기적인 순환에 휘말리지 않을 수 없다.

2004년 개봉한 영화 「귀여워」는 도시 공간에서 벌어지는 건설과 파괴의 메커니즘을 알레고리적으로 형상화한다. 영화에서

청계천 복원 전 청계고가.

현실은 온통 폐허의 이미지로 그려진다. 사건의 무대인 아파트는 한창 철거가 진행 중이다. 서사를 이끌어가는 핵심 인물인 셋째 아들은 서울이란 공간에서 펼쳐지는 파괴와 건설의 변증법을 명쾌한 한마디로 정리한다. "이 서울의 절반은 내가 만들었어." 그는 재개발 현장에 들어가 '깔끔한' 완력으로 모든 문제를 해결하는 베테랑 철거용역이다. 그에겐 파괴가 곧 창조다. 말하자면 그는 이 도시의 파우스트이며, 알레고리의 진정한 완성자로 등장한다.

이러한 파괴와 건설의 순환적 반복을 청계천만큼 극명한 형태로 드러내는 공간도 드물다. 천변의 슬럼을 쓸어낸 자리에 들어섰던, 지금은 파괴되어 폐허가 되어버린 청계고가도로와 삼일아파트는 한때 이 변방 국가의 성장 기적과 현대성의 위대한 성취를 드러내는 기념비였다. 그러나 기념비가 탄생한 지 30년도 되기 전, 삼일아파트가 서 있던 황학동엔 33층짜리 초대형 주상복합 여섯 동이 들어섰다. 헌책방과 옷가게, 골동품상이 있던 8~9가에 우후죽순 생겨난 부동산 중개업소는 새로워진 청계천의 영광을 끝장낼 파괴의 씨앗들이기도 했다.

복개에서 복원으로, 위험 관리 메커니즘의 진화

청계천은 도시 관리 패러다임의 전환을 가시화하는 충실한 전범으로 공인받고자 했다. 이는 서울시가 청계천 사업을 일러 "서울이란 공간을 개발 위주의 도시, 차량 중심의 도시에서 사람

청계천상인대책연합회가 내건 물류유통단지 착공 축하 플래카드. 청계천 복원 사업과
함께 인근 상인들이 이주할 '동남권 유통단지(현 가든파이브)' 건설이 계획되었다.
그러나 이주 단지는 분양가 인상과 분양률 저조라는 폭탄을 맞았고, 개장 후에도
유동인구 부족으로 어려움을 겪고 있다. 청계천 복원으로 쫓겨난 노점상의 경우
2004년 동대문운동장에 개설한 풍물시장으로 입주하였지만 안정적인 상권을
형성하지 못했고, 그마저도 2006년 동대문디자인플라자 건설과 함께 철거되었다.

중심, 자연과 사람이 공존하는 도시로 바꾸려는 거대한 흐름"이라
강조했던 데서도 드러난다.

　　개통 10년을 넘어선 지금, 패러다임의 전환까지는 아니더라도
청계천이 공간을 지배하는 방식에 변화를 가져왔다는 사실만큼은
인정할 수밖에 없을 듯하다. 공간의 지배는 "개인이나 강력한 집단이
그들 자신이나 타인들이 공간을 전유하는 방식을 보다 더 통제하기
위해 법적, 또는 초법적 수단을 사용하여 공간의 조직과 생산을
지배하는 것"(앙리 르페브르, 앞의 책)이다. 일차적으로 그것은 특정
공간에 대한 안정적 접근과 전유를 제한하는 다양한 위험들을
어떻게 통제할 것인가 하는 문제로 귀결된다.

　　청계천의 변화는 이 같은 위험에 대한 통제가 은폐에 의한

황학동 초대형 주상복합 건설 현장.

망각에서 공개와 조절이라는 새로운 옷으로 갈아입었다는 사실을
보여준다. '복개'는 직면한 위험을 단지 시야에서 차단함으로써 그
위력에서 풀려나고자 하는 무의식의 표현이다. 반면 '복원'은 감춰져
있던 것들을 시야에 드러냄으로써 위험하고 추한 것들을 적극적으로
조절, 관리하겠다는 자신감과 의지를 드러낸다.

　　이러한 변화는 위험의 원천인 자연과의 관계에도
일정한 변화를 야기했는데, 그것은 자연에 대한 '외연적
착취'에서 '내포적·발생적 착취'로의 전환이다. 청계천은 자연을
무자비하게(유혈적으로) 착취함으로써 결국엔 이윤의 궁극적
원천마저 고갈시키는 어리석음을 범하기보다, 그것을 관리하고
부양함으로써 보다 많은 잉여가치를 지속적으로 수탈하겠다는
집합의지의 사회적 실험실이다. 이 실험의 결과로서 현재, 우리가
목격하고 있는 것은 '거세'되고 '정원화된 자연'이다.

톨레랑스의 윤리학을 넘어서

> 모든 것은 콘크리트처럼 구체적이며
>
> 모든 것은 콘크리트 벽이다
>
> 비유가 아니라 주먹이며
>
> 주먹의 바스라짐이 있을 뿐
>
> ─최승자, 「그리하여 어느 날 사랑이여」

근대 휴머니즘의 핵심 교의는 소박하다. 인간은 피부색이나 장애 여부, 재산의 많고 적음에 따라 차별을 받아선 안 된다는 것이다. 국제 이주가 보편화된 오늘날의 상황에서 이 소박한 평등주의는 이주노동과 국제결혼이란 현실을 경유하며 다문화주의라는 관용의 이데올로기로 나타난다. 다문화주의는 20세기 후반을 거치며 '세계시민'을 자처하는 이들의 보편적인 윤리로 뿌리내리기 시작했는데, 그것의 핵심은 인종적·문화적 타자에 대한 존중이다.

서울 속 연변, 벌집촌은 주인만 바뀌어갈 뿐

거주 외국인 수가 170만 명을 넘어선 한국 사회에서도 다문화주의는
교육받고 양식 있는 사람이라면 마땅히 내면화하고 있어야 할
시민적 덕목으로 견고하게 자리 잡았다. 조선족 하층민이 저지른
살인 사건에 대해선 범죄의 엽기성을 적나라하게 부각하며
배외주의적 혐오감을 조장했던 보수 신문들이, 이자스민 전
새누리당 의원에 대한 일부 네티즌의 언어 테러에는 정색을 하고 그
우매함과 폭력성을 꾸짖는 현실에서도 확인된다.

　　서울 구로구 가리봉동은 한국의 다문화주의를 상징하는
공간이다. 한때는 세계에서 가장 전투적인 노동운동이 꿈틀대던
곳이기도 했다. 1980년대 후반 가리봉동을 중심으로 한 구로공단
지역에는 위장 취업한 '학출'들이 3000명이 넘는다는 얘기가
공공연하게 회자됐다. 하지만 지금 가리봉동은 '코리안 드림'을 품고
들어온 조선족과 한족 이주노동자들로 넘쳐난다.

　　가리봉 중국 동포(조선족) 타운의 풍경은 말 그대로 중국
동북 3성의 거리 한 곳을 고스란히 옮겨놓은 듯하다. 어스름이
깔리자 거리의 붉은 간판들이 하나둘 불을 밝혔고, 남루한 행색의
중년 사내들이 삼삼오오 떼를 지어 거리로 밀려들었다. 먼지 앉은
짙은 점퍼에 묵직한 가방을 둘러메고, 주름 굵은 이마 위로 야구

1985년 구로동맹파업 당시 대우어패럴 공장 밖으로 농성 중인 노동자들이
현수막을 내걸었다. 현재 이곳엔 현대아울렛이 들어섰다.

모자를 눌러쓴 이들의 얼굴에선 한결같이 짙은 피로감이 묻어났다.
함께 있던 조선족 단체 관계자가 "서울 외곽이나 시흥, 안양 쪽
아파트 공사판에서 일을 마치고 돌아온 조선족들"이라고 귀띔했다.
가리봉 오거리 일대엔 조선족과 한족 노동자들의 집단 주거지가
형성돼 있다. 과거 구로공단 여공들이 기거하다 떠난 벌집들이
이들의 안식처다.

　　인근 구육(개고기)점 주인 공(43) 씨의 손놀림이 분주해졌다.
7년 전 한국에 들어와 식당일을 하다가 2011년 가리봉시장 인근에
점포를 낸 그는 조선족 동포 사회에선 성공한 축에 속했다. 최근
4~5년 새 온라인 공간을 중심으로 확산되는 조선족 혐오 정서를
체감하느냐고 물었다. "솔직히 언론에서 자꾸 조선족 범죄로

호들갑을 떠니까 그런 것 아니겠소? 몇 년 전에 수원에서 살인 사건 터진 직후에는 정말……." 남구로역 인근의 한 인력소개소 앞에서 만난 조선족 조상권(52) 씨 반응도 다르지 않았다. "원래 본국 사람들[한국인]은 우리 무시했어. 하늘과 땅이지."라며 웃었다. 또 다른 60대 여성은 "누구는 정말 잘해주고, 누구는 사람대접 안 하고, 사람 못할 일 시키는 것은 어느 나라나 똑같지 않겠느냐."고 했다.

커져가는 외국인 혐오 정서

2012년 수원 살해 사건의 범인은 조선족 이주노동자였다. 성폭행이 있었고, 살인으로 이어졌다. 언론 보도가 전하는 범죄 수법은 충격적이었다. 비슷한 시기에 발생한 서울 영등포 직업소개소 사장 살해 사건도 조선족에 의한 것이었다. 밀린 임금이 원인이었다. 범행 동기는 달랐지만 이주노동자가 잇달아 사회적 이목을 끄는 강력 범죄의 주체로 등장한 것은 흔치 않은 일이다. 과거 미군 범죄가 지배적이던 한국 사회도 이제 유럽처럼 이민자나 이주노동자들에 의한 범죄를 우려해야 하는 것 아니냐는 목소리가 나오는 것은 자연스럽다.

범죄 현상에 대한 정확한 분석과 진단보다 막연한 불안과 혐오가 앞서는 것은 범죄만큼이나 우려스런 일이다. 외국인 혐오증이 직접적 경험에서 나오는 경우는 많지 않다. 아직까지 외국인은 한국에서 낯선 존재다. 생활공간에서 이들과 몸을 부대끼는

중국어 간판이 더 많은
가리봉시장. 식당, 중국
식료품점, 환전소, 직업소개소,
여행사 등이 가득하다.

경험은 흔치 않다는 말이다. 언론에서 보도한 내용이 반복되거나,
인터넷에 올린 개인의 주관적 경험이나 추측이 검증 없이 유통돼
확대 재생산되는 경우가 많다. 그래서 '이주노동자 추방'을 주장하는
얘기들은 대부분 추상적이다. "떼거지로 몰려다니며 회사에서 당한
일을 보복하려 한다.", "어설픈 한국말로 술집 등에서 이유 없이
공포를 조장한다.", "중국인들은 술만 마시면 사이코패스적 기질을
보인다.", "한국 서민층을 노예화하고 남북한을 영구 분단케 하는
다인종·다민족화는 우리 민족 말살 정책이다."

　　서구와 달리 한국은 압축적으로 노동 이주와 결혼 이주를
경험했다. 명확한 사회적 의제로 떠오른 적도 별로 없다. 한마디로
문화적 준비 과정 없이 다문화사회로의 급격한 변화를 경험했다는
얘기다. 공부도 하지 않고 시험을 보게 됐으니 중구난방으로 답이
튀어나온다. 사회적 갈등 소지도 충분하다. 이주민 유입 초기
단계에서 나타나는 '편견'이 걸러지지 않고 날것 그대로 작동하는
이유다.

직업소개소, 행정업무대행사와 함께 가리봉시장에 위치한 외국인자율방범대. '외국인 밀집지역=우범지역'이라는 시각과 자신들에 대한 편견을 깨기 위해 중국 동포들이 직접 합동 순찰 등에 참여하고 있다.

정부와 지방자치단체, 시민사회는 외국인 혐오 정서가 확산돼 사회적 갈등과 불안이 심화되는 상황을 막으려고 시민들을 상대로 한 각종 캠페인과 학교 교육을 통한 계몽 활동 등을 강화하고 있다. 이 과정에서 적극 활용되는 것이 다문화주의 담론이다. 다문화주의는 1970년대 캐나다에서 처음 시작된 것으로 알려져 있다. 사회 내부의 인종, 민족, 문화의 차이를 인정하고, 소수자가 겪는 정치·사회·경제적 차별과 불이익을 적극적으로 교정해 사회적 균열과 갈등의 여지를 줄이고, 소수 집단과 평화로운 공존의 토대를 마련하려는 사회적 기획이었다.

신자유주의에 복무하는 다문화주의

문제는 여타의 모든 이데올로기와 마찬가지로 다문화주의도
긍정성과 부정성을 동시에 갖는다는 사실이다. 슬로베니아 출신의
급진주의 철학자 슬라보이 지제크(Slavoj zizek)는 다문화주의를
일러 "지구적 자본주의의 공간적 통합이 원만하게 이뤄질 수 있게
하는 교의"(『폭력이란 무엇인가』, 난장이, 2011)로 규정한다. 그가 볼 때
다문화주의는 어떤 현상이나 윤리를 지칭하는 개념이라기보다
후기자본주의의 자본축적 과정에서 요구되는 문화적 이데올로기에
가깝다. 프랑스 철학자 알랭 바디우(Alain Badiou)도 보편성 대신
차이를 앞세우는 다문화주의나, 타자에 대한 존중을 강조하는
자유주의적 관용 담론이 세계 곳곳에 엄존하는 지배와 착취, 빈곤과
불평등을 덮어 가리는 이데올로기적 장막 구실을 한다는 사실을
예리하게 지적한다.

　　　이런 비판에 대해선 다문화주의 이론가인 캐나다 정치학자
윌 킴리카(Will Kymlicka)도 수긍한다. "시민권을 제공하지 않는
다문화주의는 배제를 합리화하는 것에 지나지 않는다."(『다문화주의
시민권』, 동명사, 2010) 실제 시민권 없는 다문화주의가 문화상대주의로
귀결하거나 인종적·민족적 소수집단의 게토화를 초래할 위험성이
크다는 점에 대해선 많은 이론가들의 지적이 있었다. 특히 한국처럼
이주자들이 문화적 무시와 폭력뿐 아니라 착취와 경제적 주변화
때문에 고통받는 사회에선 다문화주의가 현실의 부정의를
해결하기보다 이주자들의 권리 문제를 탈정치화하고, 이들의 문화를

1970~1980년대 탈향 노동자들이
집단 거주하던 벌집들. 이곳의
거주자는 이주노동자들로 바뀌었다.

벌집에서 바라본 가산디지털단지.
2000년대 들어 구로공단은 고층
빌딩이 즐비한 서울디지털단지로
환골탈태를 시도했고, 가리봉동에
재개발 바람이 불면서 중국인들의
거주지가 인근 대림동 일대로
넓혀졌다.

가리봉동 일대의 야경.

박제할 위험성이 있다는 지적이 한층 설득력을 갖기 마련이다.

대체 오늘날의 자본주의는 왜 다문화주의라는 관용의 이데올로기를 '요청'하는가. 한 가지 대답은 경제적인 차원, 자본들 사이의 극심한 경쟁이다. 무한 경쟁의 세계화 시대에 자본이 생존하기 위한 가장 손쉬운 방편은 생산 단가를 낮춰 상품의 가격경쟁력을 확보하는 것이다. 생산 단가를 낮추는 방법은 기술혁신을 통해 생산에 투입되는 비용(노동력)을 줄이거나, 값싼 노동력을 확보하거나, 둘 중 하나다. 20세기 중·후반 선호된 방법은 생산 설비를 임금이 싼 자본주의 세계체제의 주변부나 반주변부로 이전하는 것이었다. 하지만 설비 이전은 막대한 비용이 소요됐고, 본국에는 일자리 축소와 산업 공동화를 유발함으로써 정치적 정당성 위기를 가중했다. 대안으로 장려된 것이 노동력 이주였다.

실제 이주노동은 국가에 노동력의 재생산 비용을 절감할 수 있는 이점을 제공하는 한편,(내국인 노동자가 생산 현장에 투입되기까지 소요되는 사회적 비용을 생각해보라.) 기업엔 설비 이전 없이 값싼 인력시장에 접근할 수 있는 최적의 기회를 제공한다. 그 결과 지구촌 곳곳에는 다양한 인종과 국적의 노동자가 모여 사는 '다문화 공간'이 출현한다. 서울 가리봉동과 대림동, 경기도 안산의 원곡동, 부산 초량동 등이 한국의 대표적인 다문화 공간이다.

문제는 이런 다문화 공간에는 인종·민족 간 마찰과 갈등 가능성이 상존하고, 그것이 언제든 심각한 사회·정치적 위기로 전환될 수 있다는 사실이다. 이 점은 2005년 프랑스 파리의 외곽 지대에서 일어난 소요 사태, 2011년의 영국 런던 폭동을 상기해보면 한층 분명해진다. 따라서 다문화 공간은 내부의 갈등적 긴장을 조절하고 통제하기 위한 이데올로기를 요청하는데, 여기에 부응해 등장한 것이 20세기 후반의 다문화주의라는 게 비판적 사회연구자들의 시각이다.

관용을 넘어 연대로

간과해선 안 될 사실은, 현실의 견고한 권력관계 앞에서 문화적 차이와 타자성을 존중하라고 요구하는 것은 한없이 무기력하다는 점이다. 현실은 시인 최승자가 이야기하듯 "콘크리트처럼 구체적"이며, "콘크리트 벽"처럼 견고하다. 내국인과 동등한 안정적 체류와 자유로운 노동의 권리, 나아가 인간적 삶을 영위하기 위한 사회적 권리를 요구하는 이주노동자들에게 다문화주의의 호소와 효력은 출입국관리사무소의 차가운 철창 앞에서 멈춘다. 미국 정치학자 웬디 브라운(Wendy Brown)은 오늘날의 관용 담론이 "[가변적이고 역사적 기원을 갖는 사회적] 차이를 그저 묵인하면서 이를 향한 적대 행위를 줄이고, 모든 차이를 절대적으로 동등하게 존중하는 동시에, 기존의 지배와 우월성을 안전하게 보존하려는 시도"(『관용』, 갈무리, 2010)라고 비판한다. 한 예로 그는 2008년 미국 대통령 선거에서 오바마가 당선된 것을 당시 미국의 주류 언론이 "관용의 승리"라고 찬양했던 것을 상기시킨다. 그가 볼 때, 사람들이 관용의 이름으로 흑인의 종속이 끝났다고 선언하는 순간, 역설적으로 흑인들은 이 승리를 관용한 백인들의 미국에 다시 종속된다. 이때 관용은 불평등, 배제, 갈등을 탈정치화함으로써 기존의 지배 질서를 보존하는 데 기여할 뿐이다.

    상황이 이렇다면 중요한 것은 인종, 계급, 성의 차이에 기초한 사회적 배제를 해소하고, 다문화 공간을 사회적 평등과 정의를 실현할 수 있는 '해방의 공간'으로 변화시키는 것이다. 이를 위해선 다문화주의 이데올로기에 의해 순치된 갈등의 정치성을 되살리는 작업이 필수적일 텐데, 그 출발점은 당연히 존재하는 차이에 대해 '인정하라.'고 호들갑을 떠는 게 아니라 차이를 가로지르는 운명의 보편성(모두가 소수자요, 이주민이라는 것)을 발견하고 공동의 행동을 조직하는 것이다. 톨레랑스의 윤리학을 넘어서는 이것을, 약자(소수자)의 연대에 기초한 '오클로스(ochlos, 뿌리 뽑힌 대중)의 정치학'이라고 명명해보는 건 어떨까. 시인의 통찰대로, 콘크리트처럼 구체적인 현실을 바꾸는 것은 '비유(말과 선언)'가 아닌 '바스라지는 주먹(연대와 행동)'이다.

2 공간 읽기

강남이라는 상상의 공동체

한강이 가른 것은 단지 서울이란 공간의 남과 북이 아니었다. 돌진적 근대화의 시간을 통과하며, 강은 우리의 의식 안에 중층화된 적대의 단층선을 새겨놓았다. 강은 때로 정치적 구획선이자 문화의 경계선이었고, 첨예한 계급의 대치선으로 재현되기도 했다. 하지만 이런 대립적 공간 이미지는 다분히 만들어지고 상상된 것이었다. 현실의 서울에서 경제적 풍요와 정치적 보수성, 문화적 구별짓기의 욕망 등으로 표상되는 '강남성'은 규모와 강도에 편차가 있을 뿐 강의 남쪽과 북쪽 모두에서 관찰되는 보편적 경향이었던 것이다.

'강남 대 비강남'이라는 구도

주목할 부분은 강남과 '강남 아닌 곳(비강남)' 사이에 존재하는 차이가 시간이 갈수록 뚜렷해져왔다는 데 있다. 그 차이는 비단 경제력이나 개인들이 동원할 수 있는 사회적 가용 자본의 크기 등에 머무르지 않는다. 차이들은 정치적 갈등의 영역으로 고스란히 이전돼왔는데, 이 점은 최근의 몇 차례 주요 선거 결과를 통해 확인된다. 2016년 4월 총선에서 서울 강남의 선거구 한 곳이 제1야당에 넘어오긴 했지만, 강남·서초 다섯 개 선거구 가운데 여전히 네 곳은 보수정당인 새누리당이 차지하고 있다.

더불어민주당 전현희 후보가 당선된 강남을 역시 선거구 조정과 후보 경쟁력이란 변수가 없었다면 결과를 속단하기 어려웠다는 게 전반적 평가다. 실제 전 후보의 승리에는 2012년 총선 당시 새누리당 후보의 압도적 우세 지역이었던 대치1·2동이 20대 총선을 앞두고 신설된 강남병으로 편입된 것을 빼놓고는 설명하기가 쉽지 않다.(2012년 총선에서 김종훈 새누리당 후보가 대치1·2동에서 얻은 득표수는 각각 6919표, 1만 3915표로, 정동영 당시 민주통합당 후보가 얻은 2077표, 6028표를 두 배 이상 앞질렀다.) 전 후보 개인의 이력과 경쟁력 또한 역대 이 지역에 출마했던 여타 야당 후보들에 견줘 남달랐던 게 사실이다. 그는 부산 태생에 치과의사 출신의 여성 법조 엘리트라는 점에서 보수 지역 유권자들이 정서적·정치적으로 거부감을 가질 이유가 크지 않았다.

돌이켜보면 서울의 정치 지형에서 '강남과 비강남'의 차이가 두드러지기 시작한 것은 50년 만에 여야 정권교체가 이뤄진 1997년 이후부터라는 데 큰 이견이 없어 보인다. 2014년 《주간경향》이

중앙선관위 자료를 토대로 분석한 내용을 보면, 서울의 전체 투표 경향과 달리 강남만의 투표 행태가 처음 나타난 것은 1998년 치러진 제2회 지방선거였다. 당시 새정치국민회의 소속으로 나선 고건 후보는 최병렬 한나라당 후보에 견줘 서울 전체 득표율에서 약 9퍼센트(32만 4000표)를 앞섰지만, '강남 3구'라 불리는 강남과 서초, 송파에서는 최병렬 후보에게 2만 8144표를 뒤졌다.

2002년 6월 치러진 제3회 지방선거에서는 서울시장으로 출마한 이명박 당시 한나라당 후보가 강남 3구에서만 김민석 새천년민주당 후보를 12만 8373표 앞섰다. 같은 해 치러진 대선에서 여야의 표차는 줄어들지만 강남 3구는 보수 후보인 이회창 한나라당 후보를 선택했다. 당시 대통령에 당선된 노무현 새천년민주당 후보는 낙선한 이회창 한나라당 후보보다 전국적으로 34만 5581표를 더 받았지만 강남 3구에서만은 8만 1405표 뒤졌다.

2010년 6·2 지방선거는 '강남 계급투표'라는 말이 본격적으로 회자된 선거였다. 오세훈 한나라당 후보는 당시 서울 열일곱 개 구에서 한명숙 민주당 후보에게 패하고도 강남 3구에서 벌린 압도적인 표차(오세훈 39만 7064표, 한명숙 27만 134표) 덕분에 0.6퍼센트 포인트 차이로 신승할 수 있었다. 이런 추세는 2011년 서울시장 보궐선거를 거치며 한층 명징해졌다. 서울시 전체에서 53.4퍼센트를 얻은 박원순 후보가 강남 3구에서만은 42퍼센트의 지지를 얻는 데 그친 것이다. 2012년 대통령 선거 역시 마찬가지였다. 문재인 민주통합당 후보는 서울 스무 개 자치구에서 박근혜

새누리당 후보를 앞섰지만, '강북의 강남'으로 불리는 용산구와 강남·서초·송파·강동구에서만큼은 열세를 보였다. 이런 흐름이 말해주는 바는 명확하다. 서울의 정치 구도가 '강남 대 비강남' 구도로 빠르게 재편되고 있는 것이다.

유창오 새시대전략연구소장은 "2007년 이명박 정부 출범을 전후해 강남이 사실상 새누리당의 중핵 지역이 됐다."고 말한다. 대구·경북이 새누리당의 지역적 코어라면, 강남은 '계급적 코어'라는 얘기다. 그가 볼 때 강남은 1980년대 후반만 하더라도 서울에서 김영삼에 대한 지지가 가장 높이 나오는 곳으로 정치적으로는 '보수적 자유주의' 성향을 띠었다. 하지만 1990년 3당 합당과 97년 외환위기를 계기로 '반호남'과 '시장지상주의'가 결합하며 정치적 우경화가 뚜렷이 진행됐다.

실제 강남 지역에선 1992년 14대 총선에서 홍사덕 후보가 당선된 뒤 2016년 총선에서 전현희 후보가 당선되기까지 단 한 번도 민주당 계열 정당에 의석을 허락하지 않았다. 홍사덕 역시 경북 영주 태생으로, 외모나 말투 역시 투박하고 전투적인 민주당 후보들보다 전형적인 강남 상류층에 가까웠다.

'강남을의 이변'이 연출된 2016년 총선에서도 전형적 부촌인 강남갑 지역은 야권 후보가 발붙일 여지가 없어 보였다. 도곡동에 사는 50대 자영업자는 "포퓰리즘으로 나라 망쳐 먹을 세력이 집권하는 걸 어떻게든 막아야 하지 않겠느냐."고 했다. 이명박·박근혜 정부의 성적이 신통찮다고는 하지만, 그래도

"끔찍했던 노무현 정부 5년"보다는 나았다는 게 그의 생각이었다. 서초구에 거주하는 강남 지역의 한 증권사 지점장인 박환기(45) 씨는 이런 강남의 정치 정서를 이렇게 풀이했다.

"밖에선 수구 꼴통이라고 하는데, 이들은 누구보다 합리적인 선택을 하고 있다. 야당에 표를 던짐으로써 현재의 불만을 표출하는 것보다, 당장 만족스럽진 않지만 새누리당을 찍는 게 자신의 지위와 가족의 부를 지키고 키우는 데 유리하다고 판단하는 거다. 내가 볼 땐 강남에 아파트가 있고 지방에 땅도 있으면서 선거 때면 민주당 찍는 사람들이 오히려 비합리적이다."

남서울 개발 계획과 강남의 신분 상승

강남은 어떤 연유로 한국의 진보 개혁 세력에게 '넘사벽'이 돼버린 것일까. 강남의 '정치 장벽'은 2011년 보궐선거를 계기로 야권 강세 지역으로 바뀐 분당을에 견줘보면 한층 실감나게 다가온다. '천당 밑의 분당'으로 불리며 오랜 기간 보수 정당의 텃밭으로 간주돼온 분당은 2016년 총선에서 갑·을 두 선거구 모두 더불어민주당 후보가 새누리당 후보를 9퍼센트 포인트 안팎으로 따돌리며 당선증을 거머쥐었다. 유창오 소장은 이런 분당과 강남을 비교하며 흥미로운 진단을 내놓았다. "분당도 강남처럼 새누리당의 아성이었지만, 그것은 부동산 경기가 좋을 때까지만 그랬다. 집값이 떨어지고 전세금이 오르자 하우스푸어인 30~40대와 50대 이상

서울 강남

세대의 균열을 봉합해온 '부동산 계급동맹'이 무너졌다. 반면 강남은 부동산 경기 하락에도 불구하고 세대 간 계급동맹이 견고하게 유지되고 있다." 야권 지지자로 돌아선 분당의 30~40대는 집을 구하며 비용의 상당 부분을 금융 대출에 의존했던 반면, 강남의 30~40대는 강남에 사는 부모의 지원으로 집을 장만한 경우가 많아 어지간한 경기변동에는 흔들리지 않는다는 것이다.

실제 강남의 계급 구성은 서울이나 수도권의 어떤 지역과 비교해도 뚜렷한 차별성을 보여준다. 2002년에 발표된 한 연구 결과를 보면 정치인, 고급공무원, 교수, 금융인, 법조인, 의사, 군 장성 등을 포함한 상류층 저명인사(표본 4만 6842명)의 48퍼센트가 강남·서초·송파구에 살고 있다. 이 가운데 압구정1동은 상류층 주거 비율이 서울 평균보다 17.4배나 높다. 그 뒤를 반포본동(10.46배), 잠실7동(10.42배), 압구정2동(9.24배) 등이 잇고 있다.

상황이 이렇게 된 것은 강남의 형성 초기부터 서울 지역의 고소득·고학력층이 대거 이주해온 사실과 무관하지 않다. 1975년 조사를 보면 강남·서초 지역의 초기 이주민의 76.6퍼센트는 서울 강북에서 이주해온 경우였는데 회사원이 40퍼센트로 가장 많고, 공무원(16.4퍼센트), 상업(16.4퍼센트), 사업(10퍼센트) 순이었다. 당시 서울시의 평균 근로소득이 9만 2000원이었는데, 강남 이주민 중에는 10만~20만 원이 36.6퍼센트, 20만 원 이상이 17.7퍼센트에 달해 고소득자가 많았다. 이들은 이주 동기로 '쾌적한 환경(35.2퍼센트)'과 '지가 상승 기대감(33.5퍼센트)'을 주로 꼽았는데, 잘 정비된 격자형

서울시정 10개년 계획의 일환인 부도심을 "완벽한 '현대도시'"로 강남 지구에 조성하겠다는 '남서울 도시계획'이 "새서울의 청사진"으로 보도되었다. 경향신문(1966년 1월 7일자).

도로망과 중·대형 아파트 중심의 쾌적한 주거 환경, 막 이전을 시작한 명문 중고등학교들이 서울 시내 중·상류층의 이주를 촉진했다.

실제 1960년대 후반까지도 오늘날의 강남은 한적한 농촌이었다. 한강 주변 땅들 대부분은 논이었고, 군데군데 야트막한 구릉이 자리하고 있었다. 그사이를 구룡산, 대모산, 우면산 등 남쪽 산지에서 발원한 탄천과 양재천, 반포천 등이 곡류를 이루며 한강으로 흘러들어갔다. 1960년 서울 인구가 200만 명을 돌파하자 서울시는 인접한 경기 지역의 열두 개 면(面), 구십 개 리(里)를 시에

서울 강남

새로 편입한다. 이때가 1963년이었다. 3년 뒤 서울시는 편입된 한강 이남 지역에 10년에 걸쳐 12만 가구, 60만 명을 수용하는 내용의 '남서울 도시계획'을 발표했고, 같은 해 착공한 제3한강교(한남대교)가 1969년 말 완공돼 강남은 비로소 서울 생활권에 들어오게 됐다.

강남 개발은 서울시 인구분산 정책과도 긴밀한 연관이 있었다. 서울 인구를 한강 이북 40퍼센트, 이남 60퍼센트로 분산하는 것이 핵심이었다. 여기엔 안보적 고려도 작용했다. 북한 무장공작원의 청와대 습격사건 1년 뒤인 1969년 서울 요새화 계획과 함께 한강 남쪽에 '제2서울' 건설 계획이 발표된 사실을 봐도 그렇다. 그러나 당시까지도 개발 사업은 좀체 활기를 띠지 못했다. 정부는 강남 개발을 행정적으로 지원하기 위해 1975년 강남구를 신설하고, '부동산투기 억제세 면제' 조처를 단행했다. 동시에 개발 수요가 강남으로 집중되도록 한강 이북의 택지 조성을 불허하는 한편, 인구 집중을 유발하는 명문 고등학교와 법원 등 국가기관의 강남 이전을 추진했다. 1976년 경기고등학교를 필두로 시작된 학교 이전의 효과는 확실했다. 명문고가 입지한 지역의 아파트 가격이 천정부지로 치솟아 '강남 8학군'이란 말이 등장했다. 이때부터 정부 공식 문서에나 등장하던 강남이란 지명이 일반인 사이에서 '남서울', '영동(영등포의 동쪽이란 뜻)'보다 빈번하게 사용되기 시작했다.

강남 개발은 1980년대 지하철 2, 3호선의 개통과 더불어 완성됐다. 지하철은 사당, 강남, 양재 등 시외버스와 연결되는 지역 거점을 성장시켰는데, 여기엔 강남에서 한 시간 거리에 신설된

제3한강교 일대의 항공사진. 제3한강교 이남 지역, 즉 강남의 개발 전 모습을 확인할 수 있다.

1970년대의 영동 개발로 대규모 아파트가 등장했다. 1974년 건설된 반포1단지아파트는 생활권 개념을 도입, 한국에서 최초로 단지 내에 충분한 편의 시설을 갖추었다.

종합대학 분교들의 구실도 컸다. 88올림픽을 앞두고는 변방 국가의
발전상을 세계에 과시하려는 각종 개발 프로젝트가 진행됐다.
테헤란로 집중 개발도 그 일환이었다.

이후의 과정은 예상할 수 있는 경로를 따랐다. 높은 인프라
수준이 부유층 이주를 촉발하고, 이들의 욕구와 생활수준에 맞춰
인프라가 향상되다 보니 진입과 거주에 필요한 비용이 급격하게
상승해 신규 진입자를 배제하는 높은 장벽이 만들어지는 구조다.
그 결과는 강남 지역의 사회·경제적 지표에서도 드러난다.
2010년 인구주택총조사에 따르면, 강남구의 대학 재학 이상
고학력자 비율은 무려 75.4퍼센트에 이른다.(서울 평균은 53.7퍼센트)
80퍼센트가 넘는 동만 대치1동(89.8퍼센트), 도곡2동(88.6퍼센트),
압구정동(87.8퍼센트), 대치2동(84.6퍼센트) 등 아홉 개 동(전체 스물두 개
동)이다. 월평균 가구 소득을 봐도 강남·서초·송파구 평균이 399만
원으로 서울의 나머지 지역 평균(323만 원)보다 77만 원 정도 많고,
부동산을 포함한 총 자산 규모도 강남 가구가 6억 2711만 원으로
비강남 가구(3억 7763만 원)보다 2억 5000만 원가량 많다.(2009년
서울시 복지패널조사) 이는 강남 지역의 높은 아파트 가격과 밀접한
연관이 있는데, 2016년 4월 현재 강남구의 제곱미터당 아파트 평균
매매가격은 1173만 원, 서초구는 1035만 원으로 서울 전체 평균을
두 배 이상 웃돈다.(『(월간)KB주택가격동향』(2016년 4월))

2 공간 읽기

부단히 나누고, 가르고, 배제하라

이런 사회·경제적 지위의 우월성은 주민들의 사고에도 직접적인 영향을 끼쳤다. 스스로를 강남에 사는 '상류 시민'으로 정체화하며 삶의 양식과 사고 자체를 끊임없이 차별화하려는 시도가 나타난 것이다. 이런 '구별짓기' 전략은 심지어 강남 내부나 같은 주거 단지 안에서도 일어났다. 도곡2동 타워팰리스에 14년째 살고 있는 A(45) 씨는 "먼저 들어온 1차 입주민들이 2, 3차 입주민들에 대해 자신들은 대기업 임원과 의사, 변호사, 교수 등 지적 수준이 높은 고소득층이 대부분인데 2, 3차 입주민들 중에는 근본 없는 장사치가 많다며 은근히 낮춰보는 경향이 있다."고 했다.

흥미로운 사실은 이런 구별짓기가 '강남의 범위'를 인식하는 문제로까지 이어진다는 점이다. 「강남의 심상규모와 경계짓기의 논리」(이동헌,《서울학연구》제42호(2011년 봄))라는 연구 논문이 이를 잘 보여준다. 논문에 따르면 강남 거주민들의 가장 두드러진 특징은 자신의 생활수준과 유사하거나 그 이상인 경우만을 '강남 주민'으로 인식한다는 것이다. 일례로 서초구 잠원동에 사는 30대의 B씨는 "아파트 값이 비싸지만 문화적 수준 차이가 크다."며 "송파는 강남이 아니"라고 말한다. 그의 기준에 따르면 서초구에선 양재동과 내곡동, 강남구에서도 세곡동, 개포동, 일원동, 수서동은 강남에서 제외된다. 그에게는 아파트 값보다 거주민의 문화·상징자본의 크기가 강남의 경계를 가른다.

강남구 거주자들 사이에서 통용되는 '테남', '테북'이란 용어에서도 이런 경향은 적나라하게 드러난다. 테헤란로 이남을 가리키는 '테남'은 한강변의 압구정·청담동 지역에 견줘 사회·경제적 수준이 처지는 '2등 강남'을 가리키는 용어로 사용되곤 하는데, 실제 압구정·청담동은 테헤란로 이남의 대치·도곡·개포동보다 가구당 평균 자산이 높다는 게 정설이다. 부를 누려온 기간도 길다. 선대부터 부자가 많다는 얘기다.

이 점은 두 지역을 대표하는 아파트 단지인 현대와 은마의 주민 구성에서도 드러난다. 분양 당시부터 특혜 시비에 휘말린 압구정 현대아파트의 초기 입주자들은 고위 관료, 의사, 변호사 등 고소득 전문직과 사업가가 많았다. 반면 대치동 은마아파트는 분양 당시 도로 포장도 제대로 안 된 열악한 주변 환경으로 악명 높았고, 주민 역시 1980년대 강북에서 이주해온 젊은 중산층이 주축이었다.

강남의 사회적 균열선은 2000년대 들어 테헤란로보다 더 남쪽인 양재천으로 이동하는데, 사교육 열풍과 함께 대치·도곡 지역이 빠르게 부상한 덕이었다. 사실 양재천 이남 지역에서도 개포동을 제외한 일원·수서·세곡 지역은 행정구역만 강남구였을 뿐, 사회·문화적 특성은 강북의 변두리 지역과 별 차이가 없었다. 이 점은 대학 재학 이상 고학력자의 구성비(2010년 인구주택총조사)를 봐도 드러난다. 수서·세곡동의 고학력자 비율은 48.4퍼센트, 일원1동은 51.5퍼센트로, 강남구 평균(75.4퍼센트)에 크게 못 미치고, 서울시 전체 평균(53.7퍼센트)보다 낮다. 반면 같은 '테남'이지만 양재천 북쪽에 위치한 대치1동은 고학력자 비율이 89.8퍼센트로

위 강남과 비강남의 구도 내에서 강남을 나누는 분할선으로 작동하는 테헤란로.

아래 양재천과 고급주상복합 아파트의 대명사가 된 타워펠리스. '테남' 지역은
다시 양재천을 경계로 구분된다. 고급주상복합 단지가 도곡동에 들어서면서
이러한 구별짓기 전략은 점차 세분화되고 뚜렷해졌다.

서울에서 가장 높다. 도곡1동(82.3퍼센트)과 도곡2동(88.6퍼센트) 역시
최상위권에 속한다.

　　1982년부터 강남구 압구정동에 살아온 고위 공무원 출신의
60대 남성은 대치·도곡동마저 '오리지널 강남'은 아니라고 말한다.
"이 동네(압구정·청담·삼성동)는 집값이 비싸서 아무나 못 오니까 젊은
사람들이 집값 싸고 평수 작은 은마나 대치로 가서 그쪽이 발전한
거다. 그런데 송파와 대치동, 도곡동이 다 비슷하다. 분위기도 그렇고
수준도 그렇고."

　　그러나 개포1지구에 사는 장영환(52) 씨의 말은 다르다.
"여기가 평수는 좁아도 평당 아파트 값으로 따지면 압구정동
이상이다. 여기 사람들도 자식을 8학군 보내고 명문대학 진학시킨다.
수서나 송파는 몰라도 여기는 확실히 강남이다." 이를 두고
도시연구자 이동헌은 "강남은 지리적으로 고정된 공간이라기보다
그 안에 살고 있는 사람들의 부단한 구별짓기·경계짓기 전략에 의해
만들어지는 사회적 공간"(앞의 논문)이라고 진단한다. 달리 표현하면,
자신이 속한 생활 세계에 대한 친밀감과 계층 사다리의 위 칸으로
올라서고자 하는 상승 욕망이 타협해 만들어낸 '상상의 공동체'가
강남이란 얘기다.

　　이런 이유로 강남 사람들이 소속감을 느끼는 공동체(근린)의
범위는 좁을 수밖에 없다. 무엇보다 학력과 소득 수준, 문화적
취향이 동질적이어야 하는데, 이 경계를 설정하는 과정에서 끊임없이
구별과 배제의 정치가 작동한다. 강남의 새누리당 몰표 현상 역시

같은 맥락에서 설명할 수 있다. 자신의 경제적 이익을 높이기 위한 '경제 투표'의 성격도 있지만, 그 이면에는 자신들이 설정한 경계를 넘어오려는 외부인에 맞서 경계를 재확인하거나 담장을 높게 세우는 '울타리 치기'의 욕망이 놓여 있는 것이다. 대치동 선경아파트에 사는 퇴직 공무원 C(66) 씨의 진술이 이런 진단을 뒷받침한다.

"강남 사람들이 새누리당 찍는 건 결코 부동산 가치를 올려줄 것이라고 믿어서가 아니다. 강북 서민들이나 근본 없는 젊은 아이들이 지지하는 좌파 정당에는 절대로 표를 줄 수 없다는 자존심이다. 이런 동네에서 민주당이 재건축 규제를 풀어주겠다고 하면 표를 줄 것 같나. 호남 사람들은 새누리당이 정권 잡는 걸 막으려고 민주당에 몰표를 준다고 하던데, 여기도 마찬가지다. 강남을 적대시하고 강남이 일궈온 성공과 가치를 무시하는 사람들이 다시 정권을 잡는 끔찍한 상황을 피하려고 악착같이 투표장에 가는 거다."

서울 강남

모든 것은 정치적이다

"사회적이고 역사적이지 않은 것은 없다.

실로 모든 것은 '결국' 정치적이다"

—프레드릭 제임슨

1998년 병영에서 돌아와 맞닥뜨린 연구실의 그 낯선 열기가

아니었다면, 나는 마르크스주의 사회과학의 완강한 자장 안에

머물며 신산한 강단 비정규직의 삶을 이어가고 있을지도 모른다.

밀레니엄의 전환기를 통과하고 있다는 상황 인식의 비장함이 '현재

시간'에 대한 자의식의 과잉을 낳았던 것일까. 그 시절 20대 후반의

동학들 사이에선 시간과 공간에 대한 이론적 관심이 확산되고

있었는데, 나 역시 연구실의 진지하면서도 묘하게 달뜬 그 분위기에

별 저항감 없이 녹아들었다. 결국 나는 석사논문의 연구 분야를

정치사회학에서 문화사회학으로 선회하는 무리수를 두고야 말았다.

『포스트 모더니티의 조건』이란 책을 통해 데이비드 하비를 만나고, 『현대성의 경험』에서 마셜 버먼(Marshall Berman)을 알게 된 것도 그 즈음이다. 나는 곧 경제학과 지리학, 문학과 건축, 미술사와 철학의 경계를 넘나드는 대가급 마르크스주의자들의 광대무변한 학문 스케일에 압도되었는데, 서사 이론과 현대 마르크스 경제학(조절이론), 사회학적 시공간 이론을 거칠게 조합해 「사회변동이 소설형식에 미치는 영향에 대한 연구」라는 석사논문을 내놓은 게 그로부터 2년쯤 지난 2000년 여름이다. 1980~1990년대에 대학을 다닌 이들 상당수가 그랬던 것처럼, 나 역시 마르크스주의의 압도적 영향 아래 20대를 보냈다. 훗날 루카치, 그람시, 알튀세르의 서구 마르크스주의에 경도되긴 했으나 그 시절 인식 체계의 중심부엔 "존재가 의식을 규정한다."는 마르크스의 언명이 확고 불변의 공리처럼 자리 잡고 있었다.

서른이 넘어 신문사에 입사한 뒤에도 내 세계관은 별다른 동요나 균열 없이 지속됐는데, 편집부 순환근무와 함께 시작한 박사과정에서 첫 번째 콜로키엄 발표 주제를 정할 때도 마찬가지였다. 그때 발터 베냐민이 말년의 미완성 수고 『아케이드 프로젝트』에서 시도한 현대자본주의의 미시사회학을 한국 모더니티 분석에 활용해보겠다는 무모한 열정에 사로잡혔다. 때마침 김수근의 세운상가가 시야에 들어왔다.

건축과 도시사, 도시사회학 문헌들을 탐독하는 한편,

건축 멜랑콜리아

석사논문에서 시도한 '예술형식의 사회학'을 사회학적 건축 비평에
적용하려던 구상을 실행에 옮겨나갔다. 내 가설은 특정 국면의
자본주의 축적체제는 당대의 지배 엘리트와 인민(demos)이 공유하는
집단 무의식, 지식 체계(세계관), 그와 연계된 '미학적 발생 원리'를
매개로 도시경관과 건축물의 구조나 형태에 반영된다는 것이었다.
이런 생각을 도시 공간의 실제 비평에 적용한 결과물이 2005년
계간 《문화과학》 겨울호에 게재한 「세운상가, 한국적 근대성의
공간적 알레고리」다. 1960~1970년대 도시 공간과의 만남이 그렇게
시작됐다.

　　　이 책에 등장하는 건축물과 도시 공간들은 대부분 한국
모더니티의 성숙기인 1960~1970년대에 만들어진 것들이다. 변화의
압축성과 돌진성이 특징이던 이 시기에 한국 자본주의 역시 거대한
지각변동을 경험했는데, 도시의 건조환경을 생산하는 건축 산업의
상황 역시 다르지 않았다. 식민지 시대 건축물의 개·보수 단계에
머물러 있던 한국 건축은 이 시기를 거치며 국내 건축가들이
구상한 도면에 따라 국산 건축 재료와 국산 기술, 국내 인력에 의해
건물들이 축조되는 '내포적 생산' 단계에 접어든 것이다.

　　　건축 산업의 변화는 한국 자본주의의 축적체제 변동과
정치권력의 변화, 대규모 인구 이동에 상응한 도시 공간의 급진적
재편과 긴밀하게 연동되어 진행됐다. 국가권력 역시 각종 법령의
제정과 정비를 통해 도시의 건축 활동을 제도적으로 지원했다.
당시의 국가 개입은 급격한 도시화에 따른 도시문제 해소,

그중에서도 낙후된 도시경관과 인프라 정비가 표면적 목적이었지만, 그 심층에는 정치적 지지와 지배의 정당성을 확보하려는 권력의 필요와 욕망이 어김없이 작동하고 있었다.

이 책이 다룬 건축물 중에는 세운상가나 남산 자유센터, 남영동 대공분실, 광주시민회관처럼 정치권력의 필요와 기획에 따라 탄생한 것도 있지만, 연세대 학생회관이나 퇴계로 서산부인과, 아현동 성 니콜라스 성당처럼 건축가(때로는 건축주)의 이상과 조형 의지가 공간 전체를 효과적으로 지배하는 데 성공한 경우도 적지 않다. 다만 어떤 경우도 동시대를 조건 짓는 사회경제적 압력, 집합적 열망과 정치적 무의식의 작동에서 자유로울 수 없었다. 이 책은 현대성의 보편적 제약과 세계체제의 반주변부 지역이 갖는 가파른 변화의 역동성 안에서 특정 공간이나 건축물의 생산·소비 과정에 투입된 다양한 행위자들(건축주, 건축가, 점유자)의 기획과 실천, 그 결과로서 구축된 공간의 현재적 의미를 읽어내는 데 주력했다. 그것은 건축물에 퇴적된 현대사의 지층을 탐사하는 과정이자, 권력의 이해 및 의지와 길항했던 인민들의 삶의 흔적을 되짚어 그 의미를 정치적으로 전유하는 작업이기도 했다.

이를테면 그것은 서산부인과의원이란 건축 텍스트를, 미셸 푸코가 '근대 생명관리 권력'의 특징으로 개념화한 '생명현상의 국유화'와 그것의 박정희식 판본인 '가족계획의 국가시책화'라는 1960년대적 맥락 속에 끼워 넣은 뒤, 건축물의 구조와 형태에 투사된 건축가의 이상과 의지가 시류의 굴절과 세월의 풍화를

건축 멜랑콜리아

견디며 획득한 공간적 의미를 동시대의 맥락 안에서 재구축하는
과정이었다. 마찬가지로 연세대 학생회관에서는 건축물에 투사됐던
가치와 의미의 전이 과정을 전투적 학생운동의 발흥과 몰락이라는
국면사의 흐름과 '신실성→진정성→속물성'으로 이어지는
심성구조의 변화 속에서 재구성하려 했다. 비슷한 방식으로
광주시민회관에서는 5월 광주를 통해 비로소 성취된 '시민이라는
근대적 정치 주체'의 탄생을, 남산 자유센터에서는 이념화된
반공주의의 출현과 반공 동원체제의 성립과 몰락을, 남영동
대공분실에서는 현대의 기술 합리성과 전체주의의 무의식적 공모를
건축물의 굴곡진 생애사를 통해 환기시키고자 했다.

　　이런 시도는 특정 공간이나 건축 텍스트의 해석을 보다
포괄적인 사회사적 서술과 결합시키고, 나아가 현대성의 다양한
양상들을 이론화한 추상적 담론 틀 안에서 그것의 정치사회적이고
문명사적인 의미까지 함께 읽어내려는 지난한 관심에서 연유한
것이었다. 따지고 보면 이것은 각 시대마다 지배적 생산관계에
조응하면서 구성원들의 의식과 실천을 규정하는 포괄적 경험 구조가
존재하고, 그 경험 구조는 동시대인의 상식과 세계관, 지식 체계,
예술 형식 전반의 한계를 구성하게 된다는 (완고하되 불완전한) 20대
시절의 신념과 결부된 것이기도 했다.

　　문제는 이런 시도가 텍스트 분석과 맥락 서술, 담론 비평의
정밀한 교직에 의해 뒷받침되지 못하면서 단락과 단락, 문장과
문장이 물과 기름처럼 따로 놀고, 메시지의 포괄 범위가 지나치게

　　　　　　　　　　　　　　　　　　　책을 펴내며

방대해지는 난점을 피해가기 어려웠다는 점이다. 중언부언과 논리적 억견, 깊이의 과장이 글의 도처에서 난무했음을 솔직히 시인할 수밖에 없는 이유다.

수록된 텍스트의 절반 정도는 시사주간지《한겨레21》에 "이세영의 징후적 공간읽기"란 제목으로 연재했던 글을 손질한 것이다. 나머지는《문화과학》등 저널에 발표했던 글을 상황 변화에 맞게 개작하거나, 정치부 기자 생활 틈틈이 새로 썼다. 약속한 탈고 기일을 1년 가까이 넘긴 필자의 게으름을 인내로 혜량해준 도서출판 반비의 김희진 편집장과 조은 편집자에게 미안함과 감사의 말을 함께 전한다.

2016년 추석 연휴 마지막 날,

서울 북한산 자락 찻집에서

사진 출처

p.15 / 21(위) ── 『시적 울림의 세계』(정인하, 시공문화사, 2003)

p.18 ──《동아일보》(인터넷판 1962년 1월 27일자)

p.28 / 29(오른쪽) / 42(위) / 67 / 84(왼쪽),
　90 / 212 / 283(위, 왼쪽 아래) / 287(위, 가운데) / 315 ── 국가기록원

p.29(왼쪽) ── 서울화력발전소 자료관에서 촬영

p.44 / 68 / 80(왼쪽) / 84(오른쪽) / 126
　207(가운데, 아래) / 237 / 287(아래) ── 서울특별시 홈페이지 아카이브

p.53 ──《연세춘추》(인터넷판 2007년 3월 26일자)

p.57 / 61 / 182 / 189 ── 원작자 경향신문사, 민주화운동기념사업회 제공

p.69 ──《동아일보》(인터넷판 1966년 3월 30일자)

p.71 ── ⓒF.L.C. / ADAGP, Paris, 2016

p.74 ──《동아일보》(인터넷판 1968년 12월 12일자)

p.76 / 119 / 174 / 275(아래) / 289 / 319 ── 한겨레 자료

p.80(오른쪽) ── 김한용 작가(KORRA이미지)

p.82 ──《동아일보》(인터넷판 1968년 9월 27일자)

p.92 ──《동아일보》(인터넷판 1967년 7월 24일자)

p.106 —— 한국정교회 제공

p.114 ——《경향신문》(인터넷판 1967년 6월 23일자)

p.115 ——『대림 60년사』(대림산업(주), 1999)

p.129 ——『국회의사당 건립지』(대한민국국회사무처, 1976)

p.129 ——《경향신문》(인터넷판 1969년 5월 28일자)

p.145 ——《경향신문》(인터넷판 1964년 7월 13일자)

p.162 ——《경향신문》(인터넷판 1969년 3월 4일자)

p.164 ——《경향신문》(인터넷판 1991년 12월 2일자)

p.207(위) / 275(위, 가운데) —— e영상역사관

p.208 ——《경향신문》(인터넷판 1981년 9월 28일자)

p.226 / 228(아래) ——《프로 아키텍트》(1998년 3월호)

p.236 —— 서울역사박물관

p.243 / 270 / 308 —— ⓒ임찬경(http://blog.naver.com/imck81)

p.295 —— 원작자 박용수, 민주화운동기념사업회 제공

p.313 ——《경향신문》(인터넷판 1966년 1월 7일자)

건축 멜랑콜리아

한국 근현대 건축·공간 탐사기

1판 1쇄 펴냄 2016년 10월 14일
1판 2쇄 펴냄 2017년 7월 28일

지은이 이세영
펴낸이 박상준
펴낸곳 반비

출판등록 1997. 3. 24.(제16-1444호)
(우)06027 서울특별시 강남구 도산대로1길 62
대표전화 515-2000, 팩시밀리 515-2007
편집부 517-4263, 팩시밀리 514-2329

글 ⓒ 이세영, 2016. Printed in Seoul, Korea.

ISBN 978-89-8371-812-9 (03610)

반비는 민음사 출판 그룹의 인문·교양 브랜드입니다.

이 책은 삼성언론재단의 저술지원사업으로 출간되었습니다.